普通高等教育经管类专业"十三五"规划教材

用友ERP供应链管理系统实验教程

（U8 V10.1）

董文婧 李勉 梁乃斌 主编

清华大学出版社
北京

内容简介

本书以突出实战为主导思想，以一个企业单位的经济业务为原型，重点介绍了信息化环境下企业各项供应链业务的处理流程。本实验教程为您贴身定做了十几个实验并提供了实验准备账套和结果账套，每个实验既可环环相扣，又可独立运作，适应了不同层次教学的需要。

本书共分为 8 章，分别介绍了系统管理、供应链基础设置、供应链系统初始化、采购管理、销售管理、库存管理、存货核算和期末处理等基本功能，并以实验的方式介绍了以上模块的使用方法。

本书是用友 ERP 认证系列实验用书，也可以作为大中专院校会计及经济管理等相关专业的教学实验用书。

本书封面贴有清华大学出版社防伪标签，无标签者不得销售。

版权所有，侵权必究。举报: 010-62782989, beiqinquan@tup.tsinghua.edu.cn。

图书在版编目(CIP)数据

用友 ERP 供应链管理系统实验教程: U8 V10.1: 微课版 / 董文婧，李勉，梁乃斌 主编. —北京: 清华大学出版社，2018 (2021.12重印)
(普通高等教育经管类专业"十三五"规划教材)
ISBN 978-7-302-49038-8

Ⅰ.①用… Ⅱ.①董… ②李… ③梁… Ⅲ.①企业管理－供应链管理－计算机管理系统－高等学校－教材 Ⅳ.①F274-39

中国版本图书馆 CIP 数据核字(2017)第295518号

责任编辑：刘金喜
封面设计：常雪影
版式设计：孔祥峰
责任校对：成凤进
责任印制：曹婉颖

出版发行：清华大学出版社
网　　址：http://www.tup.com.cn, http://www.wqbook.com
地　　址：北京清华大学学研大厦 A 座　　邮　编：100084
社 总 机：010-62770175　　邮　购：010-62786544
投稿与读者服务：010-62776969, c-service@tup.tsinghua.edu.cn
质 量 反 馈：010-62772015, zhiliang@tup.tsinghua.edu.cn
课 件 下 载：http://www.tup.com.cn, 010-62794504

印 装 者：三河市科茂嘉荣印务有限公司
经　　销：全国新华书店
开　　本：185mm×260mm　　印　张：17　　字　数：403 千字
版　　次：2018 年 1 月第 1 版　　印　次：2021 年 12 月第 7 次印刷
定　　价：55.00 元

产品编号：072859-03

前　　言

企业信息化的全面推进，引发了新一轮对企业信息化人才的强势需求。为应对这种需求，高校面对不同的经管类专业开设了会计信息系统、供应链管理、ERP 原理与应用等相关课程。目的是让学生理解管理软件中的管理思想、掌握管理软件的应用技术，能够利用信息化管理系统管理企业各项业务。

本书从企业应用的实际出发，遵循由浅入深、循序渐进的原则，力求通俗易懂，便于操作。读者可以通过一个个实验亲自体验 ERP 供应链管理系统的功能，掌握其功能特点及应用方式，提高信息化环境下的业务处理能力。

本书共分为 8 章，以用友 U8 V10.1 为实验平台，以一个单位的经济业务贯穿始终，分别介绍了 U8 管理软件中的系统管理、基础设置、供应链系统初始化、采购管理、销售管理、库存管理、存货核算几个子系统的应用方法。每章的内容中都包括了功能概述、实验目的与要求以及教学建议，每个实验都包括实验准备、实验内容、实验资料和实验指导。功能概述主要介绍各个系统的基本功能；实验目的与要求部分明确了通过该实验应该掌握的知识点；教学建议中提示了在教学过程中应该注意的问题和建议的教学时间；实验准备部分指出为了完成本实验应该准备的数据环境；实验内容部分对实验内容提出了具体要求；实验资料部分提供了企业业务数据作为实验的背景资料；实验指导部分具体描述了完成实验的操作步骤，并且给出了操作中应该注意的重点问题。本书附录中另外提供了一套综合练习题，用以检验学员是否掌握了实验教程中所讲述的内容。

本教程既可以作为与用友 ERP 认证培训教程配套的实验用书，也可以作为高等院校内开设的会计信息系统的实验用书。使用对象是希望了解信息化的广大会计工作者、高等院校经济管理方向的学生和教师。

本书由董文婧、李勉、梁乃斌担任主编。董文婧编写了第 1、2 章，李勉编写了第 3 章、梁乃斌编写了第 4 章，刘娜编写了第 5 章，陈红编写了第 6、7 章，王贺雯编写了第 8 章。参与本书编写的还有周宏、张冰冰、王腾、王晨、石焱、吕志明、张霞、宋郁、吴彦文、陈利霞、房琳琳、赵建新、张恒嘉、彭飞、汪刚、张琳、刘金秋、陈江北、毛羽飞等。

本书 PPT 教学课件可通过 http://www.tupwk.com.cn/downpage 下载。

本书编写过程中得到了新道科技股份有限公司的大力支持和帮助，在此表示衷心的感谢。

服务邮箱：wkservice@vip.163.com

本书责编 E-mail：hnliujinxi@163.com

会计信息化教学交流 QQ 群：340076329

会计信息化教师俱乐部 QQ 群：228595923

编　者
2018 年 1 月

再版说明

自 2013 年 5 月《用友 ERP 供应链管理系统实验教程(用友 ERP-U8 V10.1)》出版至今,已然走过四年。四年间,该教程得到广大师生的厚爱,本人深感荣幸,在此向一直信任并支持我们的广大师生表示诚挚的谢意。本书创作团队也再接再厉,力创精品,以回馈大家的厚爱。

为了方便广大教师了解本次再版较前一版本的变化,特总结本次再版主要修订的三个方面内容。

1. 与会计准则有关的业务案例调整

四年间,企业会计准则不断优化调整。特别是,自 2016 年 5 月 1 日起,金融业、房地产业、建筑业和生活服务业等全部纳入"营改增"的范畴。虽然本书案例企业原型为制造业,但各个行业共存于同一社会经济环境中,经济业务必然会交叉关联。因此对书中所涉案例相关内容做出相应调整,以反映这一重大变化。

2. 章节目录结构及内容的调整

原教材分为六章,分别为供应链基础设置、采购管理、销售管理、库存管理、存货核算和期末处理。因为供应链基础设置部分涉及 U8 V10.1 系统中的三个部分内容,分别为系统管理、企业应用平台和各业务系统,因此新版教材调整为八章,将供应链基础设置拆分为企业建账、供应链基础设置、供应链初始化。

对于主案例中所涉及的业务,一方面按时间顺序进行了调整,另外,也完善了部分业务。

3. 对教材中错漏信息的更正

在"会计信息化教学交流"和"会计信息化教师俱乐部"两个群中,通过广大师生互问互答、经验交流等,发现了首版教材中一些错漏和处理不当的问题。本版一并改正。

此外,针对 U8 V10.1 特性,对教材中采用的企业主案例进行了完善和扩充。

4. 全方位立体化教学支持

为了更好地服务广大师生,本版教材还特别新增加了对本书所涉实验内容的视频录像。每段视频录像针对一项业务操作,短小精悍。学员在学习过程中遇到问题可以直接打开对应视频,一目了然。

总而言之,一部经典作品是读者、作者、出版方三方面合力的结果。希望在未来的日子里,能继续与广大师生互动、教学相长,为会计信息化普及贡献一己之力。

作 者

2017 年 6 月

教学资源使用说明

欢迎使用《用友ERP供应链管理系统实验教程(U8 V10.1)(微课版)》。

为便于教学和自学，本教程提供了以下资源：

- 用友U8 V10.1软件(教学版)
- 实验账套备份
- 微课操作视频
- PPT教学课件

上述资源存放在百度网盘上(均为压缩文件)，读者可通过 http://www.tupwk.com.cn/downpage，输入书名或书号搜索到具体网盘链接地址，也可以手工输入链接地址，具体如下：

- 用友U8 V10.1软件(教学版)：https://pan.baidu.com/s/1dFfIxB7
- 账套、微课视频、PPT课件：https://pan.baidu.com/s/1c1KfMIc

微课视频可通过浏览器(htm格式文件)或Flash播放器播放(swf格式文件)。书中也提供了单个视频的二维码，读者可通过扫描二维码在移动设备上播放。

实验账套备份所用数据库版本为SQL Server 2000。

读者还可通过扫描下方二维码下载PPT课件和微课视频。

读者若因链接问题出现资源无法下载等情况，请致电010-62784096，也可发邮件至服务邮箱 hnliujinxi@163.com 或 wkservice@vip.163.com。

任课老师可加入"会计信息化教师俱乐部"QQ群(群号228595923)，进行会计信息化教学交流。

目　　录

第1章　企业建账 …………………………… 1
　实验一　系统管理 ……………………… 2
　　实验准备 …………………………… 2
　　实验内容 …………………………… 3
　　实验资料 …………………………… 3
　　实验指导 …………………………… 4
第2章　供应链基础设置 …………………… 15
　实验一　基础档案设置 ………………… 16
　　实验准备 …………………………… 16
　　实验内容 …………………………… 16
　　实验资料 …………………………… 16
　　实验指导 …………………………… 23
　实验二　单据设置 ……………………… 45
　　实验准备 …………………………… 45
　　实验内容 …………………………… 45
　　实验资料 …………………………… 45
　　实验指导 …………………………… 46
第3章　供应链系统初始化 ………………… 49
　实验一　供应链系统初始化 …………… 51
　　实验准备 …………………………… 51
　　实验内容 …………………………… 51
　　实验资料 …………………………… 51
　　实验指导 …………………………… 56
第4章　采购管理 …………………………… 79
　实验一　普通采购业务 ………………… 80
　　实验准备 …………………………… 80
　　实验内容 …………………………… 80
　　实验资料 …………………………… 80
　　实验指导 …………………………… 81
　实验二　采购运费及采购折扣
　　　　　处理 ………………………… 103
　　实验准备 …………………………… 103

　　实验内容 …………………………… 103
　　实验资料 …………………………… 104
　　实验指导 …………………………… 104
　实验三　采购溢余短缺处理 …………… 109
　　实验准备 …………………………… 109
　　实验内容 …………………………… 109
　　实验资料 …………………………… 110
　　实验指导 …………………………… 110
　实验四　受托代销业务 ………………… 118
　　实验准备 …………………………… 118
　　实验内容 …………………………… 118
　　实验资料 …………………………… 118
　　实验指导 …………………………… 118
　实验五　采购退货业务 ………………… 123
　　实验准备 …………………………… 123
　　实验内容 …………………………… 123
　　实验资料 …………………………… 123
　　实验指导 …………………………… 124
第5章　销售管理 …………………………… 131
　实验一　普通销售业务(一) ………… 132
　　实验准备 …………………………… 132
　　实验内容 …………………………… 132
　　实验资料 …………………………… 133
　　实验指导 …………………………… 133
　实验二　普通销售业务(二) ………… 157
　　实验准备 …………………………… 157
　　实验内容 …………………………… 157
　　实验资料 …………………………… 158
　　实验指导 …………………………… 158
　实验三　销售退货业务 ………………… 167
　　实验准备 …………………………… 167
　　实验内容 …………………………… 167

实验资料	……………………	167
实验指导	……………………	168

实验四 直运销售业务……………………176
  实验准备…………………………176
  实验内容…………………………176
  实验资料…………………………176
  实验指导…………………………177

实验五 分期收款销售业务……………183
  实验准备…………………………183
  实验内容…………………………183
  实验资料…………………………184
  实验指导…………………………184

实验六 零售日报业务……………………192
  实验准备…………………………192
  实验内容…………………………192
  实验资料…………………………193
  实验指导…………………………193

实验七 销售账表统计分析……………198
  实验准备…………………………198
  实验内容…………………………198
  实验指导…………………………199

第 6 章 库存管理……………………207

实验一 调拨与盘点………………………208
  实验准备…………………………208
  实验内容…………………………208
  实验资料…………………………208
  实验指导…………………………209

实验二 其他出入库………………………216
  实验准备…………………………216
  实验内容…………………………217
  实验资料…………………………217
  实验指导…………………………217

第 7 章 存货核算……………………223

实验一 存货价格及结算成本
  处理………………………………224
  实验准备…………………………224
  实验内容…………………………224
  实验资料…………………………224

  实验指导…………………………224

实验二 单据记账……………………………229
  实验准备…………………………229
  实验内容…………………………229
  实验资料…………………………229
  实验指导…………………………229

第 8 章 期末处理……………………233

实验一 期末处理……………………………233
  实验准备…………………………233
  实验内容…………………………234
  实验资料…………………………234
  实验指导…………………………234

实验二 账表查询与生成凭证………237
  实验准备…………………………237
  实验内容…………………………237
  实验资料…………………………238

附录 综合实验……………………………243

实验一 系统管理与基础设置………243
  目的与要求………………………243
  实验内容…………………………243

实验二 期初余额录入……………………246
  目的与要求………………………246
  实验内容…………………………247

实验三 采购业务……………………………249
  目的与要求………………………249
  实验内容…………………………250

实验四 销售业务……………………………252
  目的与要求………………………252
  实验内容…………………………252

实验五 库存管理……………………………257
  目的与要求………………………257
  实验内容…………………………257

实验六 往来业务……………………………258
  目的与要求………………………258
  实验内容…………………………258

实验七 出入库成本管理………………261
  目的与要求………………………261
  实验内容…………………………261

第1章 企业建账

功能概述

企业选购了用友 U8 并安装完成之后，只是在计算机中安装了一套可以用来管理企业业务的应用程序，其中并没有任何数据。无论企业之前是采用手工核算，还是使用其他软件管理业务，都需要把既有的业务数据建立或转移到用友 U8 系统中，即在用友 U8 中建立企业的基本信息、核算规则、初始数据，并按照企业内部控制的要求设置可以登录系统的操作员及为这些人员分配操作权限。以上内容在用友 U8 中涉及三项工作。第一，在用友 U8 系统管理中进行企业建账；第二，在用友 U8 企业应用平台中建立企业公共基础档案；第三，在用友 U8 各个子系统中进行选项设置和期初数据录入。这三项内容在本书前三章中将分别介绍。本章先介绍企业建账，企业建账工作在 U8 系统管理中完成。

用友 U8 由财务管理、供应链管理、生产管理等多个功能组构成，每个功能组中又包括若干个子系统，如财务管理包括总账、UFO 报表、应收款管理、应付款管理等；供应链管理包括采购管理、销售管理、库存管理、存货核算等，各个子系统服务于企业的不同层面，为不同的管理需要服务。子系统本身既具有相对独立的功能，彼此之间又具有紧密的联系，它们共用一个企业数据库，拥有公共的基础信息。

用友 U8 为各个子系统提供了一个公共管理平台——系统管理，用于对整个 U8 系统的公共任务进行统一管理，如企业账套及账套库的建立、修改、输出和引入，角色和用户的建立及权限的分配、系统安全运行的管理及控制等。U8 中任何一个子系统的运行都必须以此为基础。系统管理具体包括以下几个方面的管理功能。

1. 账套管理

账套是一组相互关联的数据。每一个独立核算的企业都有一套完整的账簿体系，把这样一套完整的账簿体系建立在计算机系统中就称为一个账套。在用友 U8 中，可以为多个企业(或企业内多个独立核算的部门)分别立账，且各账套数据之间相互独立，互不影响，使资源得以最大程度的利用。账套管理功能包括建立账套、修改账套、引入账套和输出账套(含删除账套)。

2. 账套库管理

账套库和账套是两个不同的概念。账套是账套库的上一级，账套是由一个或多个账套库组成的。一个账套对应一个经营实体或核算单位，账套中的某个账套库对应这个经营实体的某年度区间内的业务数据。账套库管理包括账套库的建立、引入、输出，账套库初始化和清空账套库数据。

设置账套和账套库的两层结构的好处是：第一，便于企业的管理，如进行账套的上报，跨年度区间的数据管理结构调整等；第二，方便数据备份、输出和引入；第三，减少数据的负担，提高应用效率。

3. 用户及权限的集中管理

为了保证系统及数据的安全与保密，系统管理提供了用户及权限的集中管理功能。通过对系统操作分工和权限的管理，一方面可以避免与业务无关的人员进入系统，另一方面可以对U8系统所包含的各个子系统的操作进行协调，以保证各负其责，流程顺畅。用户及权限的集中管理包括设置角色、用户及为用户分配功能权限。

4. 设立统一的安全机制

对企业来说，系统运行安全、数据存储安全是必需的，为此，每个应用系统都无一例外地提供了强有力的安全保障机制。如设置对整个系统运行过程的监控机制，清除系统运行过程中的异常任务，设置系统自动备份计划等。

实验目的与要求

系统地学习U8系统管理的主要功能与操作方法。要求掌握在系统管理中设置用户、建立账套和设置用户权限的方法，熟悉账套输出和引入的方法。

教学建议

(1) 系统管理是企业信息化应用的起点，是学习和使用用友U8供应链管理系统的基础。
(2) 建议本章讲授1课时，上机操作练习1课时。

实验一 系统管理

实验准备

已经正确安装用友U8 V10.1管理软件。

实验内容

- 增加用户
- 建立企业账套(启用采购管理、销售管理、库存管理和存货核算)
- 对用户进行授权
- 账套输出

实验资料

1. 用户及其权限

根据企业目前的岗位分工,整理与用友 U8 供应链管理相关的用户及其权限,如表 1-1 所示。

表 1-1 用户及其权限表

操作员编号	操作员姓名	口令	所属角色	需要给用户设置的权限
111	周健	1	账套主管	账套主管自动拥有所有操作权限
222	张涛	2	无	采购管理、库存管理、存货核算、应付款管理
333	管虎	3	无	销售管理、库存管理、存货核算、应收款管理

2. 账套信息

(1) 建账信息
账套号:888;
账套名称:供应链账套;
启用会计期:2018 年 1 月 1 日。
(2) 单位信息
单位名称:北京星宇商贸有限公司;
单位简称:星宇商贸;
单位地址:北京市东城区望京路 151 号;
法人代表:张军;
税号:100011010266888。
(3) 核算类型
记账本位币:人民币(RMB);
企业类型:商业;
行业性质:2007 年新会计制度科目;
账套主管:111 周健;
按行业性质预置会计科目。

(4) 基础信息

该企业有外币核算，进行经济业务处理时，需要对存货、客户、供应商进行分类。

(5) 分类编码方案

科目编码级次：4-2-2-2

部门编码级次：2-2

客户分类编码级次：2-2

供应商分类编码级次：2-2

存货分类编码级次：2-3

收发类别编码级次：1-2

结算方式编码级次：2

(6) 设置数据精度

该企业对存货数量、存货单价、开票单价、件数、换算率等小数位数约定为 2 位。

(7) 系统启用

2018 年 1 月 1 日分别启用 888 账套的"采购管理""销售管理""库存管理""存货核算"。

3. 输出账套

在 D 盘建立"供应链账套备份"文件夹，在该文件夹中新建"1-1 系统管理"子文件夹，将所建 888 账套输出至该子文件夹中。

实验指导

1. 以系统管理员身份注册系统管理

登录用友 U8 系统管理时，要进行用户身份的合法性检查。只有系统管理员和账套主管才能登录系统管理。如果是初次使用 U8 系统，必须以系统管理员的身份登录系统管理，完成增加用户、建立企业账套和指定账套主管之后，才能以账套主管的身份登录系统管理。

操作步骤　（微课视频：sy010101.swf）

① 执行"开始"|"所有程序"|"用友 U8 V10.1"|"系统服务"|"系统管理"命令，进入"用友 U8[系统管理]"窗口。

② 执行"系统"|"注册"命令，打开"登录"对话框，如图1-1所示。

③ U8 系统中预先设定了一个系统管理员，第一次运行时在"操作员"文本框中输入系统操作员名称 admin，系统管理员初始密码为空，单击"登录"按钮，则以系统管理员身份进入系统管理。系统管理界面最下行的状态栏中显示当前操作员[admin]，如图 1-2 所示，窗口顶部显示为黑色的菜单项目即为系统管理员在系统管理中可以执行的任务。

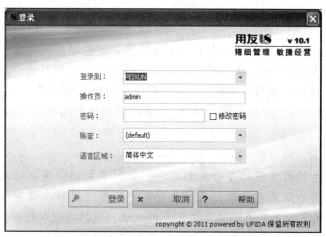

图 1-1 以系统管理员身份注册系统管理

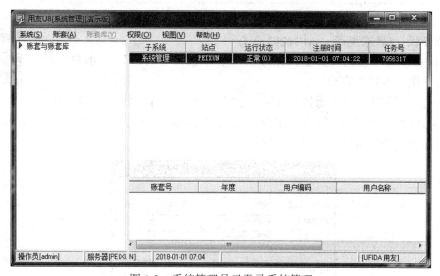

图 1-2 系统管理员已登录系统管理

> **提示：**
> - 系统管理员的职责是对 U8 系统数据安全和运行安全负责。因此，企业安装用友 U8 管理系统后，应该及时更改系统管理员的密码，以保障系统的安全性。用友 U8 系统管理员名称为 admin(不区分大小写)，密码默认为空。
> - 设置或更改系统管理员密码的方法是：在系统管理"登录"对话框中输入当前操作员密码后，选中"修改密码"复选框；单击"确定"按钮，打开"设置操作员密码"对话框；在"新密码"文本框中输入系统管理员的新密码，在"确认新密码"文本框中再次输入相同的新密码；单击"确定"按钮进入"用友 U8[系统管理]"窗口。

2. 增加用户

在用友 U8 中，角色与用户是两个不同的概念。角色是指在企业管理中拥有某一类职能的组织，这个角色组织可以是实际的部门，也可以是由拥有同一类职能的人构成的虚拟组织。而用户是指有权登录系统，对 U8 系统进行操作的某个人，即通常所说的"操作员"。角色仅仅是为方便授权而用，登录 U8 系统的只能是用户。

提示：
- 用户和角色的设置可以不分先后顺序，但对于自动传递权限来说，应该先设置角色，然后分配角色权限，最后进行用户设置。这样在设置用户时，选择其归属哪一种角色，则其自动具有该角色的权限，包括功能权限和数据权限。
- 一个角色可以拥有多个用户，一个用户也可以分属于多个不同角色。

操作步骤　（微课视频：sy010201.swf）

① 以系统管理员的身份登录系统管理后，执行"权限"|"用户"命令，进入"用户管理"窗口。

② 单击工具栏上的"增加"按钮，打开"操作员详细情况"对话框。

③ 输入编号"111"；姓名"周健"；口令和确认口令均为"1"；并在所属角色列表中选择"账套主管"角色，如图1-3所示。

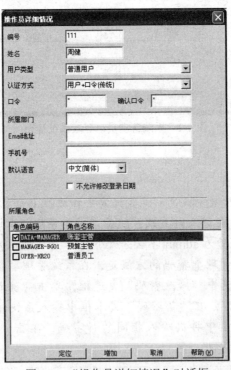

图1-3　"操作员详细情况"对话框

④ 单击"增加"按钮，保存设置。

⑤ 同理，增加操作员"张涛"，设置口令"2"，增加操作员"管虎"，设置口令"3"，保存设置后，单击"取消"按钮，返回"用户管理"窗口。

提示：

- 只有系统管理员才有权限设置角色和用户。
- 用户编号在系统中必须唯一，即使是不同的账套，用户编号也不能重复。
- 设置操作员口令时，为保密起见，输入的口令字以"*"号在屏幕上显示。
- 所设置的操作员一旦在 U8 中处理过业务，便不能被删除。
- 如果操作员调离企业，可以通过"修改"操作员功能"注销当前用户"。
- 在"操作员详细情况"对话框中，蓝色字体标注的项目为必输项，其余项目为可选项。这一规则适用于所有界面。
- 可以先建立相应角色，并给角色设置权限。再建立用户，只需要给用户指定角色，角色权限就自动传递给用户。

3. 建立账套

建立账套是在 U8 系统中建立企业的基本信息、核算方法、编码规则等。其本质就是在数据库管理系统中为企业创建一个用于存储企业各项业务数据的数据库。

操作步骤 (微课视频：sy010301.swf)

① 以系统管理员身份执行"账套"|"建立"命令，打开"创建账套—建账方式"对话框。选择"新建空白账套"选项，单击"下一步"按钮，打开"账套信息"对话框。

② 按实验资料录入新建账套的账套信息，如图 1-4 所示。

图 1-4 创建账套—账套信息

提示:

- 已存账套:系统将U8系统中已经存在的账套以下拉列表的形式显示,用户只能查看,不能输入或修改,目的是避免重复建账。
- 账套号是账套的标识,由三位数字构成,必须唯一,不允许与已存账套的账套号重复,账套号设置后将不允许修改。如果所设置的账套号与已存账套的账套号重复,则无法进入下一步的操作。
- 账套名称可以自行设置,并可以由账套主管在修改账套功能中进行修改。账套名与账套号一起显示在系统运行的屏幕上。
- 系统默认的账套路径是C:\U8SOFT\Admin,可以进行修改。
- 启用会计期:指开始使用U8系统进行业务处理的初始日期,必须输入。系统启用会计期自动默认为系统日期,应注意根据实验资料进行修改,否则将会影响企业的系统初始化和日常业务处理等内容的操作。
- 如果选择"是否集团账套"复选框,则此账套为启用"集团财务"模块后的汇总子公司数据的账套,不作企业之应用。

③ 单击"下一步"按钮,打开"单位信息"对话框。按实验资料输入单位信息。

提示:

- 单位信息中只有"单位名称"是必须输入的。
- 单位名称应录入企业的全称,以便打印发票时使用。

④ 单击"下一步"按钮,打开"核算类型"对话框。选择"商业"企业类型,行业性质默认为"2007年新会计制度科目",从"账套主管"下拉列表中选择"[111]周健",如图1-5所示。

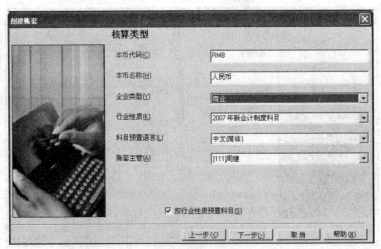

图1-5 创建账套—核算类型

提示：

- 系统默认企业类型为"工业"，可以修改。只有选择"工业"企业类型，供应链管理系统才能处理产成品入库、材料出库等业务。只有选择"商业"企业类型，供应链管理系统才能处理受托代销业务。
- 行业性质将决定系统预置科目的内容，必须选择正确。
- 系统默认按行业性质预置科目。

⑤ 单击"下一步"按钮，打开"基础信息"对话框。分别选中"存货是否分类""客户是否分类""供应商是否分类"和"有无外币核算"复选框。

提示：

- 是否对存货、客户及供应商进行分类将会影响其档案的设置。有无外币核算将会影响基础信息的设置和日常能否处理外币业务。一般来说，即使暂时没有外币核算，也最好先设置为有外币核算，以便满足将来业务扩展的需要。
- 如果基础信息设置错误，可以由账套主管在修改账套功能中进行修改。

⑥ 单击"完成"按钮，系统提示"可以创建账套了么？"，单击"是"按钮，系统依次进行初始化环境、创建新账套库、更新账套库、配置账套信息等工作，所以需要一段时间才能完成，要耐心等待。建账完成后，自动打开"编码方案"对话框。

⑦ 按所给资料修改分类编码方案，如图1-6所示。

图1-6 编码方案

> **提示：**
> - 编码方案的设置，将会直接影响到基础信息设置中其相应内容的编码级次和每级编码的位长。
> - 科目编码级次中第 1 级科目编码长度根据建账时所选行业性质自动确定，此处显示为灰色，不能修改，只能设定第 1 级之后的科目编码长度。

⑧ 单击"确定"按钮后，再单击"取消"按钮，进入"数据精度"对话框，默认系统预置的数据精度。

⑨ 在"数据精度"对话框中单击"确定"按钮后，系统弹出"供应链账套：[888]建账成功！您可以现在进行系统启用的设置，或以后从[企业应用平台-基础信息]进入[系统启用]功能。现在进行系统启用的设置？"信息提示框，单击"是"按钮，打开"系统启用"对话框。

⑩ 单击"SA 销售管理"前的复选框，弹出"日历"对话框，选择"2018-01-01"，如图 1-7 所示。单击"确定"按钮，系统弹出"确实要启用当前系统吗？"信息提示框，单击"是"按钮返回。同理，启用采购管理、库存管理和存货核算。

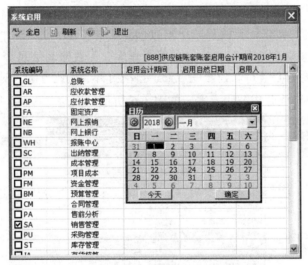

图 1-7 系统启用

> **提示：**
> U8 子系统启用日期不能早于企业账套的启用会计期。

⑪ 单击"退出"按钮，系统弹出"请进入企业应用平台进行业务操作"信息提示框。单击"确定"按钮返回。

> **提示:**
> - 出现"创建账套"对话框时,可以直接进行"系统启用"的设置,也可以单击"否"按钮先结束建账过程,之后由账套主管在企业应用平台的基础信息中再进行系统启用。
> - 如果企业已使用用友 U8 财务系统,则已经完成了企业的建账过程,此处无须再次建账,只要在企业应用平台中启用供应链管理相关子系统即可。

4. 设置用户权限

设置用户权限就是按照企业的岗位分工和内部控制要求,设定用户在用友 U8 中具体能做哪些工作,如能使用哪些功能,能看到哪些数据,能处理多大金额,等等。按照权限控制的内容不同,U8 中的权限分为功能权限、数据权限和金额权限。功能权限就是设定操作员在 U8 系统中能使用哪些功能,U8 系统中的功能具体表现形式就是系统菜单,因此通俗地理解,设定操作员的功能权限就是限制该操作员能操作哪些菜单。功能权限在系统管理中设定,本章主要介绍如何设置功能权限。

设置操作员权限的工作应由系统管理员(admin)或该账套的账套主管在系统管理中通过执行"权限"|"权限"命令完成。系统管理员可以为 U8 系统中所有的账套、操作员赋任何的权限;但账套主管只能针对其所管辖的账套为操作员赋权,而且不能指定操作员为账套主管。

在权限功能中既可以对角色赋权,也可以对用户赋权。如果在建立账套时已经正确地选择了该账套的账套主管,则此时可以查看;否则,可以在权限功能中重新选择账套主管。如果在设置用户时已经指定该用户的所属角色,并且该角色已经被赋权,则该用户已经拥有了与该角色相同的权限;如果经查看后发现该用户的权限并不与该角色完全相同,则可以在权限功能中进行修改;如果在设置用户时并未指定该用户所属的角色,或虽已指定该用户所属的角色,但该角色并未进行权限设置,则该用户的权限应直接在权限功能中进行设置,或者应先设置角色的权限后再设置用户,并指定该用户所属的角色,这样该用户的权限就可以事先确定了。

(1) 查看"周健"是否为 888 账套的账套主管

操作步骤 (微课视频:sy010401.swf)

① 在"系统管理"窗口中,执行"权限"|"权限"命令,打开"操作员权限"对话框。

② 在"操作员权限"对话框中选择"[888]供应链账套",从窗口左侧操作员列表中选择"111 周健",可以看到"账套主管"复选框为选中状态。

> **提示:**
> - 只有系统管理员(admin)才有权设置或取消账套主管,而账套主管只能分配所辖账套操作员的权限。一个账套可以拥有多个账套主管。

- 设置权限时应注意分别选中"用户"和相应的"账套"。
- 如果此时查看到当前操作员账套主管前的复选框为未选中状态,则可以将其选中,即设置该用户为选中账套的账套主管。
- 账套主管拥有该账套的所有权限,因此无须为账套主管另外赋权。
- 如果在"角色管理"或"用户管理"中已将"用户"归属于"账套主管"角色,则该操作员即已定义为系统内所有账套的账套主管。如果在"权限管理"中指定某个"用户"为某账套的账套主管,则该用户只是该账套的账套主管。

---

(2) 为操作员张涛赋权

操作步骤 **(微课视频:sy010402.swf)**

① 在"操作员权限"对话框中选择"[888]供应链账套",在窗口左侧操作员列表中选择"222 张涛"。

② 单击"修改"按钮,选中财务会计下的"应付款管理"复选框和供应链下的"采购管理""库存管理""存货核算"复选框,如图1-8所示,单击"保存"按钮。

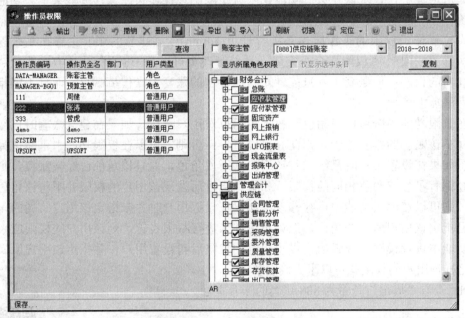

图1-8 为用户赋权

(3) 为操作员管虎赋权

自行练习为操作员管虎赋予"应收款管理""销售管理""库存管理""存货核算"权限。

5. 账套输出

为保护机内数据安全,企业应定期进行数据备份。U8中提供了自动备份和人工备份两种方式。此处介绍人工备份。

操作步骤 **(微课视频：sy010501.swf)**

① 由系统管理员在系统管理中执行"账套"|"输出"命令，打开"账套输出"对话框。

② 从"账套号"下拉列表中选择要输出的账套，在"输出文件位置"输入框中选择"D:\供应链账套备份\1-1 系统管理"，单击"确认"按钮。

③ 输出完成后，系统弹出"输出成功"对话框，单击"确认"按钮，备份完成。

提示：

- 只有系统管理员有权限进行账套的输出和引入。输出账套之前，最好关闭所有系统模块。
- 如果将"删除当前输出账套"复选框选中，系统会先输出账套，然后进行删除确认提示，最后删除当前账套。
- 账套输出之后在指定路径下形成两个文件：UFDATA.BAK 和 UfErpAct.Lst。这两个文件不能直接打开，只能通过系统管理中的账套引入功能引入到 U8 中，才能正常查询。
- U8 自动备份功能通过"系统"|"设置备份计划"进行设置。

第 2 章 供应链基础设置

功能概述

企业账套建立之后开始日常购销存业务处理之前，还需要在 U8 系统中做好一系列准备工作，包括启用业务处理要使用的 U8 相关子系统，建立业务处理要用到的基础档案，设计企业业务处理要使用的单据等，这些工作在用友 U8 企业应用平台中完成。

顾名思义，企业应用平台是用友 U8 管理软件的集成应用平台，可以实现 U8 系统基础数据的集中维护。企业应用平台为企业员工、合作伙伴提供了访问 U8 系统的唯一通道。企业应用平台划分了三个功能组：基础设置、业务工作和系统服务。

供应链基础设置工作在基础设置中完成。基础设置又包括基本信息设置、基础档案设置和单据设置。

1. 基本信息

在基本信息中可以进行 U8 子系统启用设置，还可以对建账时设定的编码方案和数据精度进行修改。

2. 基础档案

一个企业账套是由若干个子系统构成的，这些子系统共享公用的基础档案信息，如部门、客户、存货等。企业在启用新账套之始，应根据本单位的实际情况及业务需求，进行基础档案的整理和录入工作，为后续业务处理奠定基础。

3. 单据设置

单据设置包括单据格式设置和单据编号设置。

不同企业各项业务处理中使用的单据可能存在细微的差别，用友 U8 中预置了常用单据模板，而且允许用户对各单据类型的多个显示模板和多个打印模板进行设置，以满足企业个性化的单据格式需求。

单据编号设置是根据企业业务中使用的各种单据、档案的不同需求，由用户自己设置各种单据、档案类型的编码生成原则。

实验目的与要求

系统地学习 U8 基础设置的主要内容与操作方法。要求掌握在企业应用平台中设置系统启用、设置基础档案和进行单据设计的方法。

教学建议

建议本章讲授 2 课时，上机操作练习 4 课时。

实验一　基础档案设置

实验准备

已经完成第 1 章实验一的操作，或者从教学资源中引入"1-1 系统管理"账套备份数据。将系统时间调整为 2018 年 1 月 1 日，如果不调整系统时间，则需要在每次登录账套时将操作日期修改为业务日期。如果操作日期与账套建账时间跨度超过 3 个月，则该账套在演示版状态下不能再执行任何操作。

实验内容

- 在企业应用平台中启用 U8 子系统
- 设置机构人员
- 设置客商信息
- 设置存货
- 设置财务
- 设置收付结算
- 设置业务
- 账套输出

实验资料

1. 启用 U8 子系统

由账套主管在企业应用平台中启用总账、应收款管理和应付款管理，启用日期为 2018 年 1 月 1 日。

2. 基础档案—机构人员

(1) 部门档案(如表 2-1 所示)

表 2-1 部门档案

部门编码	部门名称
01	公司总部
0101	经理办公室
0102	行政办公室
02	财务部
03	销售部
0301	销售一部
0302	销售二部
04	采购部
05	仓储部
06	运输部

(2) 人员档案(如表 2-2 所示)

表 2-2 人员档案

人员编码	人员姓名	性别	雇用状态	人员类别	行政部门	是否业务员	是否操作员
001	周健	男	在职	正式工	经理办公室	是	否
002	张军	男	在职	正式工	行政办公室	是	否
003	张涛	男	在职	正式工	财务部	是	否
004	宋杰	男	在职	正式工	销售一部	是	否
005	孙建华	男	在职	正式工	销售二部	是	否
006	吴小蕾	女	在职	正式工	采购部	是	否
007	李莉	女	在职	正式工	仓储部	是	否
008	王兴亮	男	在职	正式工	运输部	是	否

3. 基础档案—收付结算

(1) 结算方式

01 现金支票；02 转账支票；03 商业承兑汇票；04 银行承兑汇票；05 电汇。

(2) 付款条件(如表 2-3 所示)

表 2-3 付款条件

付款条件编码	信用天数	优惠天数 1	优惠率 1	优惠天数 2	优惠率 2	优惠天数 3	优惠率 3
01	30	10	4	20	2	30	0
02	60	20	2	40	1	60	0
03	60	30	2	45	1	60	0

(3) 本单位开户银行

编码：01；银行账号：110001015678；开户银行：中国工商银行北京分行。

4. 基础档案—客商信息

(1) 客户分类(如表 2-4 所示)

表 2-4 客户分类

一级分类编码和名称	二级分类编码和名称
01 批发商	0101 北京批发商
	0102 上海批发商
02 零售商	0201 山东零售商
	0202 河南零售商
03 零散客户	

(2) 供应商分类(如表 2-5 所示)

表 2-5 供应商分类

一级分类编码和名称	二级分类编码和名称
01 鞋商	0101 批发商
02 箱包商	0201 批发商
03 手机商	0301 批发商
	0302 代销商

(3) 客户和供应商档案(如表 2-6 所示)

表2-6 客户和供应商档案

所属类别	客户编码	客户名称	客户简称	所属分类码	税号	信用额度(万元)	付款条件	所属银行	开户银行	银行账号	默认	分管部门	专管业务员
客户	001	北京燕莎百货公司	北京燕莎	0101	010111177788	300	01	中国建设银行	中国建设银行北京分行	11007788	是	销售一部	宋杰
	002	郑州丹尼斯百货公司	郑州丹尼斯	0202	020222666888	600	02	中国工商银行	中国工商银行郑州分行	21338899	是	销售二部	孙健华
	003	青岛市华光百货公司	青岛华光	0201	09998883388	500	03	中国银行	中国银行青岛分行	12345678	是	销售二部	孙健华
	004	上海明兴贸易公司	上海明兴	0102	02155559999	1 000		中国建设银行	中国建设银行上海分行	22117788	是	销售一部	宋杰
	005	零散客户	零散客户	03								销售一部	宋杰
供应商	001	上海明辉鞋业有限公司	上海明辉	0101	02133221188				中国工商银行上海分行	21118899	是	采购部	吴小蕾
	002	北京兰宇箱包有限公司	北京兰宇	0201	02155889966				中国建设银行北京分行	02106688	是	采购部	吴小蕾
	003	上海伊梦电子科技公司	上海伊梦	0301	01055998877				中国建设银行浦东支行	11055899	是	采购部	吴小蕾
	004	北京宏丰电子科技公司	北京宏丰	0302	01022331199				中国银行中关村支行	01008899	是	采购部	吴小蕾

5. 基础档案—存货

(1) 计量单位组及计量单位(如表2-7所示)

表2-7 计量单位组及计量单位

计量单位组	计量单位	换算率
01 自然单位 无换算率	01 双 02 个 03 部 04 箱 05 千米	无
02 换算1组 固定换算率	8 双 801 盒 802 箱	1盒=1双 1箱=20盒
03 换算2组 固定换算率	9 个 901 包 902 大包	1包=10个 1大包=10包

(2) 存货分类和存货档案(如表2-8所示)

表2-8 存货分类和存货档案

存货分类		存货编码及名称	计量单位组	主计量单位	采购默认单位	库存默认单位	税率	属性	参考成本/元	参考售价/元	计划价/售价/元
一级	二级										
01 商品	01001 鞋	001 明辉女正装鞋	换算1组	双	箱	箱	17%	内销、外购	350	500	
		002 明辉女休闲鞋	换算1组	双	箱	箱	17%	内销、外购	400	650	
		003 明辉女凉鞋	换算1组	双	箱	箱	17%	内销、外购	200	400	
		004 明辉男正装鞋	换算1组	双	箱	箱	17%	内销、外购	500	800	
		005 明辉男休闲鞋	换算1组	双	箱	箱	17%	内销、外购	450	650	
		006 明辉男凉鞋	换算1组	双	箱	箱	17%	内销、外购	300	450	
	01002 箱包	007 兰宇女式钱包	换算2组	个	大包	大包	17%	内销、外购	120	200	
		008 兰宇女式单肩包	换算2组	个	大包	大包	17%	内销、外购	550	850	
		009 兰宇男式钱包	换算2组	个	大包	大包	17%	内销、外购	150	200	

(续表)

存货分类		存货编码及名称	计量单位组	主计量单位	采购默认单位	库存默认单位	税率	属性	参考成本/元	参考售价/元	计划价/售价/元
一级	二级										
01 商品	01002 箱包	010 兰宇男式手提包	换算2组	个	大包	大包	17%	内销、外购	850	1 300	
	01003 手机	011 伊梦非智能手机	自然单位	部			17%	内销、外购、代销	2 000	2 500	
		012 伊梦智能手机	自然单位	部			17%	内销、外购、代销	3 500	4 000	
		013 宏丰非智能手机	自然单位	部			17%	内销、外购	1 800	2 200	2 200
		014 宏丰智能手机	自然单位	部			17%	内销、外购	3 700	4 200	4 200
02 劳务	02001 劳务费用	015 运输费 11	自然单位	千米			11%	内销、外购、应税劳务			
		016 运输费 0	自然单位	千米			0	内销、外购、应税劳务			

注：参考成本、参考售价和售价均为不含税价。

6. 基础档案—财务

(1) 设置凭证类别(如表2-9所示)

表2-9 凭证类别

类别字	类别名称	限制类型	限制科目
收	收款凭证	借方必有	1001,1002
付	付款凭证	贷方必有	1001,1002
转	转账凭证	凭证必无	1001,1002

(2) 设置会计科目(如表2-10所示)

表2-10 会计科目

会计科目编码	会计科目名称	辅助核算	备注
190101	待处理流动资产损溢		增加
190102	待处理固定资产损溢		增加
220201	应付货款	供应商往来	增加
220202	暂估应付款		增加

(续表)

会计科目编码	会计科目名称	辅助核算	备注
222101	应交增值税		增加
22210101	进项税额		增加
22210103	进项税额转出		增加
22210105	销项税额		增加
1121	应收票据	客户往来	修改
1122	应收账款	客户往来	修改
1123	预付账款	供应商往来	修改
1321	受托代销商品		修改科目名称
2201	应付票据	供应商往来	修改
2202	应付账款	供应商往来	修改
2203	预收账款	客户往来	修改
2314	受托代销商品款		修改科目名称
410415	未分配利润		增加

7. 基础档案—业务

(1) 仓库档案(如表2-11所示)

表2-11 仓库档案

仓库编码	仓库名称	核算方法
01	明辉鞋仓	先进先出法
02	兰宇箱包仓	全月平均法
03	手机仓	售价法
04	代销仓	先进先出法

(2) 收发类别(如表2-12所示)

表2-12 收发类别

一级编码和名称	二级编码和名称	一级编码和名称	二级编码和名称
1 入库	101 采购入库	2 出库	201 销售出库
	102 采购退货		202 销售退货
	103 盘盈入库		203 盘亏出库
	104 受托代销入库		204 委托代销出库
	105 其他入库		205 其他出库

(3) 采购类型和销售类型(如表2-13所示)

表 2-13 采购类型和销售类型

采购类型			销售类型		
名 称	入库类别	是否默认值	名 称	出库类别	是否默认值
01 厂商采购	采购入库	是	01 批发销售	销售出库	是
02 代销采购	受托代销入库		02 门市零售	销售出库	
03 采购退回	采购退货		03 销售退回	销售退货	

(4) 费用项目(如表 2-14 所示)

表2-14 费用项目

费用项目编码	费用项目名称
01	运输费
02	装卸费
03	包装费
04	业务招待费

(5) 发运方式(如表 2-15 所示)

表 2-15 发运方式

发运方式编码	发运方式名称
01	公路运输
02	铁路运输
03	水运
04	航空运输

(6) 非合理损耗类型

非合理损耗类型编码:01

非合理损耗类型名称:运输部门责任

实验指导

1. 启用 U8 子系统

用友 U8 中各个子系统必须先启用才能进行登录操作。系统启用的方法有两种,一是系统管理员在系统管理中创建账套时启用;二是建立账套后,由账套主管在企业应用平台中启用。

在系统管理中建立 888 账套时已经由系统管理员启用了采购管理、销售管理、库存管理、存货核算四个子系统,在此由账套主管在企业应用平台中启用总账、应收款管理和应付款管理三个与供应链管理相关的子系统。

操作步骤 (微课视频：sy020101.swf)

① 执行"开始"|"所有程序"|"用友 U8 V10.1"|"企业应用平台"命令，打开"登录"对话框。输入操作员"111"或"周健"，密码为"1"，在"账套"下拉列表框中选择"888 供应链账套"，更改"操作日期"为"2018-01-01"，如图 2-1 所示。单击"登录"按钮，进入"UFIDA U8"企业应用平台窗口，如图 2-2 所示。

图 2-1 以账套主管身份登录企业应用平台

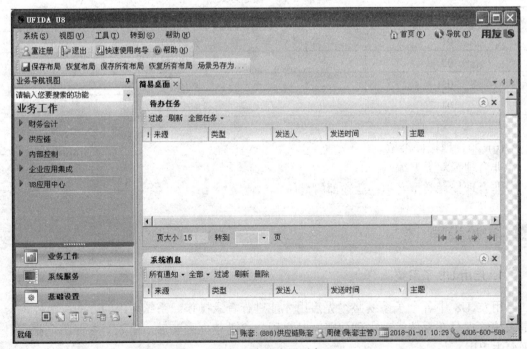

图 2-2 企业应用平台

提示：

- 用户密码是在系统管理中由系统管理员设定的，因此，每个用户在第一次登录企业应用平台时，需要选中"修改密码"复选框，重新设置自己的登录密码，以确保只有自己本人掌握登录密码，明确工作责任。
- 如果是学校教学环境，为简便起见，可不设置密码。

企业应用平台窗口左侧的业务导航中，分为三个功能组：业务工作、系统服务和基础设置。

② 在基础设置中，执行"基本信息"|"系统启用"命令，打开"系统启用"对话框。

③ 单击"GL 总账"前的复选框，弹出"日历"对话框，选择"2018-01-01"。单击"确定"按钮，系统弹出"确实要启用当前系统吗？"信息提示框，单击"是"按钮返回。

④ 同理，启用应收款管理和应付款管理，启用日期 2018-01-01。完成后如图 2-3 所示。

图 2-3　以账套主管身份进行系统启用设置

提示：

- 只有账套主管才有权在企业应用平台中进行系统启用。从"启用人"栏可以看出该系统由谁启用。
- 各子系统的启用日期必须大于等于账套的启用会计期间。

2. 设置机构人员

(1) 建立部门档案

部门档案用于设置部门相关信息，包括部门编码、名称、负责人、部门属性等。

操作步骤 （微课视频：sy020201.swf）

在基础设置中，执行"基础档案"|"机构人员"|"部门档案"命令，进入"部门档案"窗口。按实验资料输入部门信息，结果如图2-4所示。

图2-4 部门档案

提示：

- 部门档案窗口下方显示"** **"表示在编码方案中设定部门编码为2级，第1级2位，第2级2位。输入部门编码时需要遵守该规定。
- 界面中标注了蓝色字体的项目必须录入，其他信息可以为空。"成立日期"一般默认登录时的系统时间，可修改。
- 在部门档案设置中，如果存在多级部门，必须先建立上级部门，才能增加其下级部门。下级部门编码应包含上级部门编码。
- 在未建立职员档案前，不能选择输入负责人信息。待职员档案建立完成后，再返回部门档案界面通过"修改"功能补充输入负责人信息。
- 修改部门档案时，部门编码不能修改。
- 已经使用的部门不允许删除。

(2) 建立人员档案

人员档案主要用于设置企业各职能部门中需要进行核算和业务管理的职员信息，如采购人员、销售人员、仓储管理人员等。在填制业务单据时需要明确业务经手人或责任人。如果企业启用了薪资管理系统进行职工薪资管理，那么人员档案中需要包括企业所有人员。

操作步骤（微课视频：sy020202.swf）

执行"机构人员"|"人员档案"命令，进入"人员档案"窗口。按实验资料录入人员信息，结果如图 2-5 所示。

图 2-5　人员档案

提示：

- 人员编码可以由用户自行定义编码规则，但必须唯一，不能重复。
- 行政部门只能是末级部门。
- 如果该员工需要在其他档案或其他单据的"业务员"项目中被参照，需要选中"是否业务员"选项。
- "行政部门编码""人员类别"和"性别"一般应选择录入。如果要修改，需要先将原显示的部门档案删除，才可以重新选择。

3. 设置收付结算

(1) 结算方式

为了便于提高银行对账的效率，系统提供了设置银行结算方式的功能。该功能主要用来建立和管理用户在经营活动中所涉及的结算方式，其设置应该与财务结算方式一致。

操作步骤（微课视频：sy020301.swf）

执行"收付结算"|"结算方式"命令，进入"结算方式"窗口。按实验资料输入结算方式信息。

提示：
- 结算方式编码和名称必须输入。编码要符合编码规则。
- 票据管理标志是为出纳对银行结算票据的管理而设置的功能，需要进行票据登记的结算方式要选择此项功能。

(2) 付款条件

付款条件即现金折扣，用来设置企业在经营过程中与往来单位协议规定的收、付款折扣优惠方法。这种折扣条件一般可以表示为 2/10、1/20、n/30 等，其含义是客户在 10 天内付款，可以得到 2% 的现金折扣；在 20 天内付款，可得到 1% 的现金折扣；超过 20 天付款，则按照全额支付货款。

操作步骤　（微课视频：sy020302.swf）

执行"收付结算"|"付款条件"命令，进入"付款条件"窗口。按实验资料输入全部付款条件，结果如图 2-6 所示。

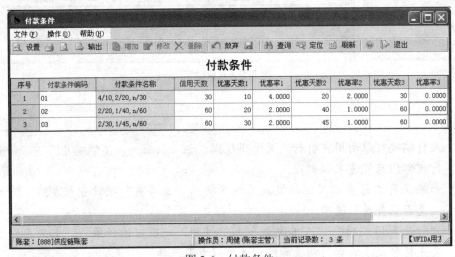

图 2-6　付款条件

提示：
- 付款条件编码必须唯一，最大长度为 3 个字符。
- 每一种付款条件可以同时设置 4 个时间段的优惠天数与相应的折扣率。
- 付款条件一旦被引用，便不能进行修改和删除。

(3) 开户银行

"开户银行"用于设置本企业在收付结算中对应的各个开户银行信息。系统支持多个开户银行和账号。在供应链管理系统中，如果需要开具增值税专用发票，则需要设置开户银行信息。同时，在客户档案中还必须输入客户的开户银行信息和税号信息。

操作步骤 （微课视频：sy020303.swf）

执行"收付结算"|"本单位开户银行"命令，进入"本单位开户银行"窗口。按实验资料输入开户银行信息。

提示：

- 开户银行编码必须唯一，最大长度为3个字符。
- 银行账号必须唯一，最大长度为20个字符。
- "暂封标识"用于标识银行的使用状态。如果某个账号临时不用，可以设置暂封标识。

4．设置客商信息

(1) 客户/供应商分类

客户或供应商分类是指按照客户或供应商的某种属性或某种特征，将客户或供应商进行分类管理。如果建账时选择了客户/供应商分类，则必须先进行分类，才能增加客户/供应商档案。如果建账时没有选择客户/供应商分类，则可以直接建立客户/供应商档案。

操作步骤 （微课视频：sy020401.swf）

① 执行"客商信息"|"客户分类"命令，进入"客户分类"窗口。按实验资料输入客户分类信息，结果如图2-7所示。

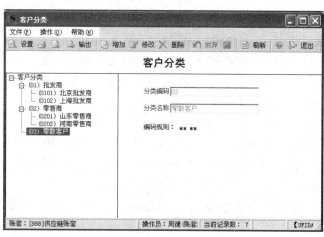

图2-7 客户分类

② 执行"客商信息"|"供应商分类"命令，进入"供应商分类"窗口。按实验资料输入供应商分类信息，结果如图2-8所示。

> **提示:**
> - 分类编码必须符合编码方案中定义的编码规则。
> - 客户分类下如果已经设置了客户档案，则该客户分类资料不能删除。
> - 建立下级分类时，其上级分类必须存在，且下级分类编码中要包含其上级分类编码。

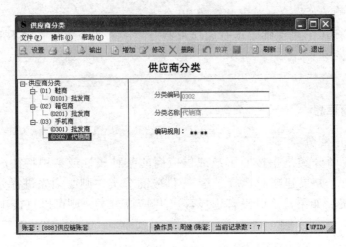

图 2-8　供应商分类

(2) 客户档案

客户档案主要用于设置往来客户的基本信息，便于对客户及其业务数据进行统计和分析。

操作步骤　(微课视频：sy020402.swf)

① 执行"客商信息"|"客户档案"命令，进入"客户档案"窗口。窗口分为左右两部分，左窗口显示已经设置的客户分类，选中某一客户分类，则在右窗口中显示该分类下所有的客户列表。

② 单击"增加"按钮，进入"增加客户档案"窗口。窗口中共包括 4 个选项卡，即"基本""联系""信用""其它"，用于对客户不同的属性分别归类记录。

③ 在"基本"选项卡中录入客户编码、客户名称、客户简称、所属分类码、税号信息，如图 2-9 所示。

④ 在"联系"选项卡中选择该客户的分管部门为"销售一部"，专管业务员为"宋杰"。

⑤ 在"信用"选项卡中选中"控制信用额度"复选框，录入信用额度和付款条件，如图 2-10 所示。

⑥ 单击图 2-9 中左上角的"银行"按钮，系统弹出"客户银行档案"窗口。将实验资料中的"所属银行""开户银行""银行账号"输入上述窗口中，其中"所属银行"和"默认值"是参照录入的，如图 2-11 所示。

第 2 章 供应链基础设置

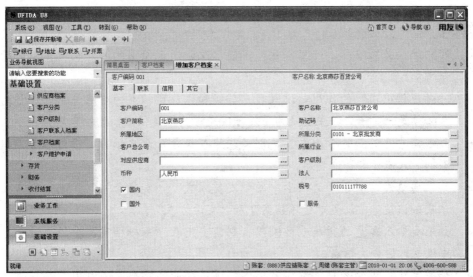

图 2-9 增加客户档案—基本选项卡

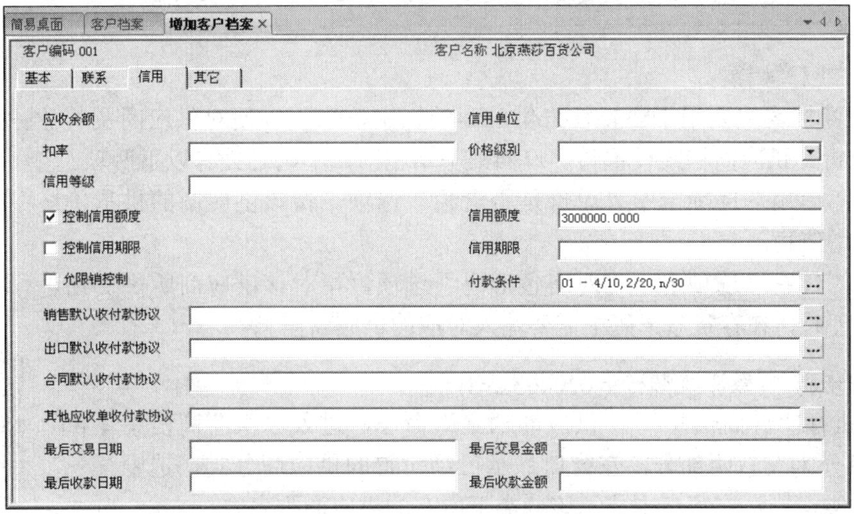

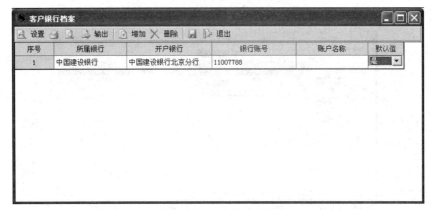

图 2-10 增加客户档案—信用选项卡

图 2-11 客户银行档案

提示：

- 客户编码必须唯一，一旦保存，不能修改。尚未使用的客户编码可以删除后重新增加。
- "对应供应商"的作用是设置客户档案和供应商档案的对应关系，这种对应关系必须是一对一的，主要是为了处理既是客户又是供应商的往来单位。
- 如果需要开具销售专用发票，则必须输入税号、开户银行、银行账号等信息，否则，只能开具普通发票。
- 如果要填写"联系"选项卡中的"发货方式""发货仓库"信息，则需要先在"基础档案"中设置"仓库档案"和"发运方式"。
- 如果要输入客户的所属地区编码，则需要先在"基础档案"中的"地区分类"中设置地区分类信息。
- 如果系统提供的客户档案内容仍不能满足企业的需要，可利用系统提供的"自定义项"功能增加自定义栏目，并设置自定义栏目档案内容。

（3）供应商档案

供应商档案主要用于设置往来供应商的档案信息，以便对供应商及其业务数据进行统计和分析。供应商档案设置与客户档案基本相同，不同之处有以下两项。

- "信用"选项卡中"单价是否含税"选项，指该供应商的供货价格中是否包含增值税。
- "其它"选项卡中"对应条形码"选项，指对该供应商所供货物进行条形码管理时，在存货条形码中需要输入对应的供应商信息。

操作步骤　（微课视频：sy020403.swf）

① 执行"客商信息"|"供应商档案"命令，进入"供应商档案"窗口。窗口分为左右两部分，左窗口显示已经设置的供应商分类，选中某一供应商分类，则在右窗口中显示该分类下所有的供应商列表。

② 单击"增加"按钮，进入"增加供应商档案"窗口。

③ 按实验资料输入供应商信息，完成后如图2-12所示。

图2-12　供应商档案

5. 设置存货

存货是企业的一项重要经济资源，涉及企业供应链管理的整个流程，是企业物流管理和财务核算的主要对象。

(1) 存货分类

如果企业存货较多，可以按一定方式对存货进行分类管理。存货分类是指按照存货固有的特征或属性，将存货划分为不同的类别，以便于分类核算和统计。

操作步骤 (微课视频：sy020501.swf)

执行"存货"|"存货分类"命令，进入"存货分类"窗口。按实验资料输入存货分类信息，如图 2-13 所示。

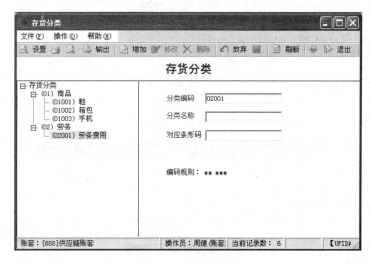

图 2-13 存货分类

提示：

- 存货分类编码必须符合编码规则。
- 存货分类编码和存货分类名称必须输入。
- 在企业购销业务中，经常会发生一些劳务费用，如"运输费""装卸费""包装费"等，这些费用也将构成企业存货成本的一个组成部分，并且它们一般具有与其他存货不同的税率。为了正确反映和核算这些劳务费用，应该在存货分类中单独设置一类"劳务费用"或"应税劳务"存货。

(2) 计量单位

企业的存货种类繁多，不同的存货具有不同的计量单位；同一种存货用于不同业务，其计量单位也可能不同。例如，对于某种药品，采购、批发销售可能用"箱"作为计量单位，而库存和零售则可能是"盒"，财务上可能按"板"计价。因此，在基础设置中，需要定义好存货的计量单位。

存货计量单位可以分为"无换算""固定换算"和"浮动换算"3 类。"无换算"计量单位一般是指自然单位、度量衡单位等。"固定换算"计量单位是指各个计量单位之间存在着不变的换算比率,这种计量单位之间的换算关系即为固定换算率,这些单位即为固定换算单位。例如 1 盒=4 板,1 箱=20 盒等。"浮动换算"计量单位则指计量单位之间无固定换算率,这种不固定换算率称为浮动换算率,这些单位也称为浮动换算单位。例如,透明胶带可以以"卷""米"为计量单位,1 卷大约等于 10 米。则"卷"与"米"之间存在浮动换算率关系。无论是"固定换算"还是"浮动换算"关系的计量单位之间,都应该设置其中一个单位为"主计量单位",其他单位以此为基础,按照一定的换算率进行折算。一般来说,将最小的计量单位设置为主计量单位。上述固定换算单位"板""盒""箱",可以将"板"设置为主计量单位;浮动换算单位"卷""米",则应将"米"设置为主计量单位,每组中主计量单位以外的单位称为辅计量单位。

操作步骤 (微课视频: sy020502.swf)

① 执行"存货"|"计量单位"命令,进入"计量单位"窗口。

② 单击"分组"按钮,进入"计量单位组"窗口。

③ 单击"增加"按钮,输入计量单位组的编码、名称、换算类别等信息。输入全部计量单位组后,如图 2-14 所示。单击"退出"按钮,退出计量单位组窗口。

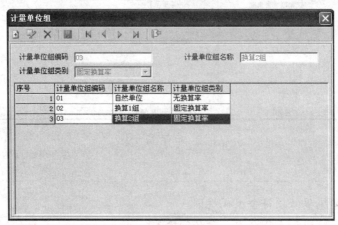

图 2-14 计量单位组

④ 选中"(01)自然单位<无换算率>"计量单位组,单击"单位"按钮,进入"计量单位"对话框。

⑤ 单击"增加"按钮,输入计量单位编码、名称、所属计量单位组、换算率等信息。单击"保存"按钮,保存计量单位信息,如图 2-15 所示。退出自然单位组计量单位的设置。

⑥ 选中"(02)换算 1 组<固定换算率>"计量单位组,单击"单位"按钮,进入"计量单位"对话框。单击"增加"按钮,输入计量单位编码"8",计量单位名称"双",单击"保存"按钮。

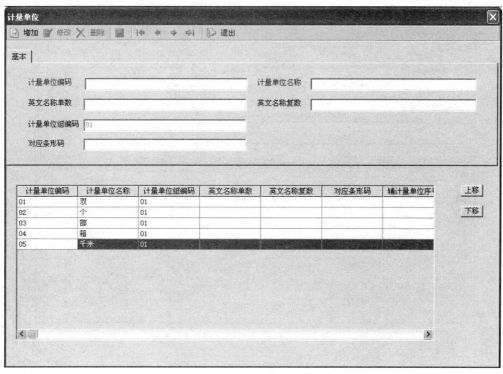

图 2-15 自然单位组的计量单位

提示：

- 在每组中设置的第一个计量单位默认为主计量单位。
- 通常将最小的计量单位作为主计量单位。

⑦ 再输入计量单位编码 801，计量单位名称"盒"，在"换算率"文本框中输入 1，单击"保存"按钮。再输入计量单位编码 802，计量单位名称"箱"，在"换算率"文本框中输入"20"，单击"保存"按钮。退出换算 1 组计量单位的设置。

⑧ 选中"(03)换算 2 组<固定换算率>"计量单位组，单击"单位"按钮，进入"计量单位"对话框。单击"增加"按钮，输入计量单位编码"9"，计量单位名称"个"，单击"保存"按钮。

⑨ 再输入计量单位编码"901"，计量单位名称"包"，在"换算率"文本框中输入"10"，单击"保存"按钮。再输入计量单位编码"902"，计量单位名称"大包"，在"换算率"文本框中输入"100"，单击"保存"按钮，如图 2-16 所示。

⑩ 单击"退出"按钮，退出换算 2 组计量单位的设置。

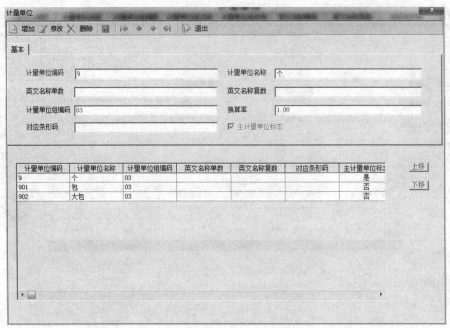

图2-16 换算2组的计量单位

提示：

- 先建立计量单位组，再建立计量单位。
- 主计量单位的换算率为1，每个辅计量单位都是和主计量单位进行换算。
- 固定换算组的每一个辅计量单位对主计量单位的换算率不能为空。
- 被存货引用后的主、辅计量单位均不允许删除，但可以修改辅计量单位的使用顺序及其换算率。如果在单据中使用了某一计量单位，该计量单位的换算率就不允许再修改。
- 浮动换算组可以修改为固定换算组。浮动换算的计量单位只能包括两个计量单位。同时，其辅计量单位换算率可以为空，在单据中使用该浮动换算率时需要手工输入换算率，或通过输入数量、件数，由系统自动计算出换算率。

(3) 存货档案

存货档案是供应链所有子系统核算的依据和基础，必须科学、合理地对其分类，准确、完整地提供存货档案数据。

存货档案主要是对企业全部存货目录的设立和管理，包括随同发货单或发票一起开具的应税劳务，也应设置在存货档案中。存货档案可以进行多计量单位设置。

操作步骤 （微课视频：sy020503.swf）

① 执行"存货"|"存货档案"命令，进入"存货档案"窗口。
② 选中"(01)商品—(01001)鞋"存货分类，单击"增加"按钮，进入

"增加存货档案"窗口。

③ 根据所给资料填制"001 明辉女正装鞋"的存货档案的"基本"选项卡,如图2-17所示。

图2-17 存货档案"基本"选项卡

提示:

- "增加存货档案"窗口中有7个选项卡,即"基本""成本""控制""其它""计划""图片"和"附件",用于对存货不同的属性分别归类。
- "基本"选项卡中主要记录企业存货的基本信息,其中"蓝色字体"项为必填项。
- 存货编码:存货编码必须唯一且必须输入。最大长度30个字符,可以用0~9或字符A~Z表示。
- 存货代码:必须唯一,最大长度30个字符,非必填项。可以用"存货分类码+存货编码"构成存货代码。
- 存货名称:存货名称必须输入。
- 计量单位组和主计量单位:可以参照输入。根据已选的计量单位组,带出主计量单位。如果要修改,则需要先删除该主计量单位,再输入其他计量单位。
- 采购、销售、库存默认单位和成本默认辅计量单位:设置各子系统默认时使用的计量单位。
- 税率:指该存货的增值税税率。销售该存货时,此税率为专用发票或普通发票上该存货默认的销项税税率;采购该存货时,此税率为专用发票、运费发票等可以抵扣的进项发票上默认的进项税税率。税率不能小于零。

- 是否折扣：即折让属性。若选择是，则在采购发票和销售发票中输入折扣额。
- 是否受托代销：选择是，则该存货可以进行受托代销业务(同时应设置为外购属性)处理。
- 是否成套件：选择是，则该存货可以进行成套件管理业务。
- 存货属性：系统为存货设置了24种属性，其目的是在输入单据参照存货时缩小参照范围。具有"内销""外销"属性的存货可用于销售订单、发货单等销售单据；具有"外购"属性的存货可用于采购订单、采购入库单等采购单据；具有"生产耗用"属性的存货可用于材料出库单；具有"自制"属性的存货可用于产成品入库单；具有"在制"属性的存货是指正在制造过程中；具有"应税劳务"属性的存货可以抵扣进项税，是指可以开具在采购发票上的运输费等应税劳务。
- 如果"受托代销"是灰颜色即处于无法选择的状态，则需要在"企业应用平台"窗口中，单击"业务"选项，执行"供应链"|"库存管理"|"初始设置"|"选项"命令，进入"选项"窗口。选中"有无受托代销业务"复选框，单击"确定"按钮退出即可。
- 受托代销业务只有在建账时选择"商业"核算类型，并且在采购管理中确定"是否受托代销业务"后才能选择使用。
- 成套件业务只有在库存管理系统中选择了"有无成套件管理"后，才能在存货档案中选择"是否成套件"业务。
- 同一存货可以设置多个属性。
- "成本"选项卡中主要记录与存货计价相关的信息，如图2-18所示。

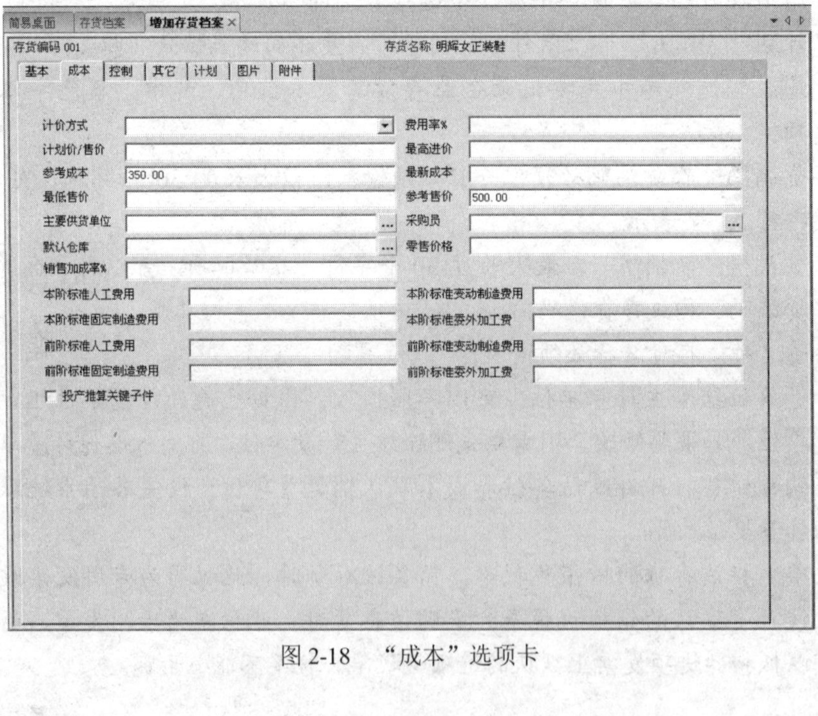

图2-18 "成本"选项卡

- 计划价/售价是指工业企业使用计划价核算存货，商业企业使用售价核算存货，通过仓库、部门、存货设置计划价/售价核算。在单据录入时显示存货的计划价或售价。
- 如果在存货系统中选择“按存货”核算，则此处必须对每一个存货记录设置计价方式。计价方式一经使用，不能修改。
- 如果需要选择“主要供货单位”和“默认仓库”，则应该先建立“供应商档案”和“仓库档案”。
- “控制”选项卡中主要记录与生产、库存相关的信息。
- “是否批次管理”选项和“是否保质期管理”选项需要在“库存系统”中设置了“是否有批次管理”和“是否有保质期管理”后才可以选择。
- 如果企业有零出库业务，则不能选择“出库跟踪入库”。
- “其他”选项卡中主要记录与业务环节无关的一些辅助信息。

---

④ 单击“保存”按钮，保存存货档案信息。

⑤ 重复上述步骤，输入全部存货档案。存货档案列表如图 2-19 所示。

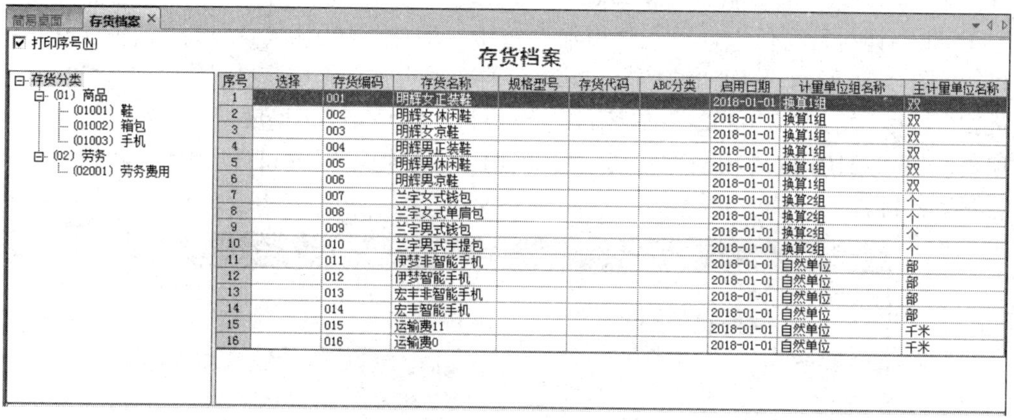

存货档案

序号	选择	存货编码	存货名称	规格型号	存货代码	ABC分类	启用日期	计量单位组名称	主计量单位名称
1		001	明辉女正装鞋				2018-01-01	换算1组	双
2		002	明辉女休闲鞋				2018-01-01	换算1组	双
3		003	明辉女凉鞋				2018-01-01	换算1组	双
4		004	明辉男正装鞋				2018-01-01	换算1组	双
5		005	明辉男休闲鞋				2018-01-01	换算1组	双
6		006	明辉男凉鞋				2018-01-01	换算1组	双
7		007	兰宇女式钱包				2018-01-01	换算2组	个
8		008	兰宇女式单肩包				2018-01-01	换算2组	个
9		009	兰宇男式钱包				2018-01-01	换算2组	个
10		010	兰宇男式手提包				2018-01-01	换算2组	个
11		011	伊梦非智能手机				2018-01-01	自然单位	部
12		012	伊梦智能手机				2018-01-01	自然单位	部
13		013	宏丰非智能手机				2018-01-01	自然单位	部
14		014	宏丰智能手机				2018-01-01	自然单位	部
15		015	运输费11				2018-01-01	自然单位	千米
16		016	运输费0				2018-01-01	自然单位	千米

图 2-19　存货档案列表

6. 设置财务

(1) 设置凭证类别

操作步骤　(微课视频：sy020601.swf)

① 在企业应用平台基础设置中，执行“基础档案”|“财务”|“凭证类别”命令，打开“凭证类别”对话框。

② 在“凭证类别”对话框中，选中“收款凭证”“付款凭证”“转账凭证”单选按钮。

③ 单击“确定”按钮，进入“凭证类别”窗口。

④ 单击“修改”按钮，根据所给资料设置各种凭证类别的限制内容，如图 2-20 所示。

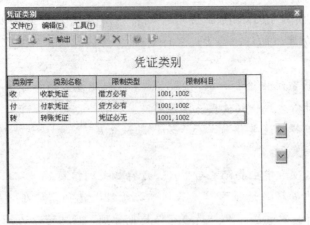

图 2-20 "凭证类别"窗口

(2) 设置会计科目

操作步骤 (微课视频: sy020602.swf)

① 在企业应用平台基础设置中,执行"基础档案"|"财务"|"会计科目"命令,进入"会计科目"窗口。

② 在会计科目窗口中,单击"增加"按钮,增加"190101 待处理流动资产损溢"科目,如图 2-21 所示。同理增加"190202 待处理固定资产损溢"科目;增加"220201 应付货款"科目;增加"220202 暂估应付款"科目;增加"222101 应交增值税""22210101 进项税额""22210103 进项税额转出""22210105 销项税额"科目;增加"410415 未分配利润"科目。

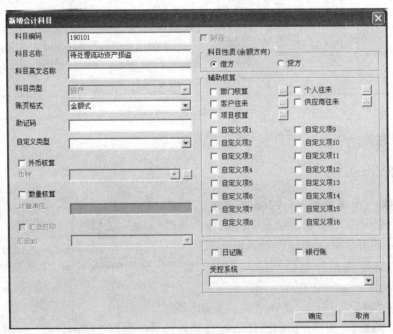

图 2-21 增加会计科目

③ 在会计科目窗口中,双击"1121 应收票据",打开"会计科目_修改"对话框。单击"修改"按钮,选择"客户往来"复选框,单击"确定"按钮。同理修改其他科目的辅助核算属性。

7. 设置业务

(1) 仓库档案

仓库是用于存放存货的场所,要对存货进行核算和管理,首先应对仓库进行管理。因此,设置仓库档案是供应链管理系统的重要基础工作之一。此处设置的仓库可以是企业实际拥有的仓库,也可以是企业虚拟的仓库。

操作步骤 (微课视频: sy020701.swf)

执行"业务"|"仓库档案"命令,进入"仓库档案"窗口。按实验资料设置企业仓库。全部仓库档案的设置结果如图 2-22 所示。

序号	仓库编码	仓库名称	部门名称	仓库地址	电话	负责人	计价方式
1	01	明辉鞋仓					先进先出法
2	02	兰字箱包仓					全月平均法
3	03	手机仓					售价法
4	04	代销仓					先进先出法

图 2-22 仓库档案

提示:

- 仓库编码、仓库名称必须输入。
- 仓库编码必须唯一,最大长度为 10 个字符。
- 每个仓库必须选择一种计价方式。系统提供 6 种计价方式,工业企业为计划价法、全月平均法、移动平均法、先进先出法、后进先出法和个别计价法;商业企业为售价法、全月平均法、移动平均法、先进先出法、后进先出法和个别计价法。

(2) 收发类别

收发类别是为了使用户对企业的出入库情况进行分类汇总、统计而设置的,用以标识材料的出入库类型。用户可以根据企业的实际情况进行灵活的设置。

操作步骤 （微课视频：sy020702.swf）

执行"业务"|"收发类别"命令，进入"收发类别"窗口，按实验资料输入收发类别信息。全部收发类别的设置结果如图2-23所示。

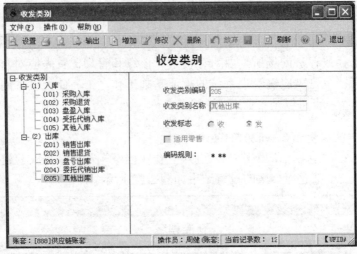

图2-23 收发类别

(3) 采购类型

采购类型是用户对采购业务所做的一种分类，是采购单据上的必填项。如果企业需要按照采购类别进行采购统计，则必须设置采购类型。

操作步骤 （微课视频：sy020703.swf）

执行"业务"|"采购类型"命令，进入"采购类型"窗口，按实验资料输入采购类型信息。全部采购类型的设置结果如图2-24所示。

图2-24 采购类型

提示：

- 入库类别是指设定在采购系统中填制采购入库单时，输入采购类型后，系统默认的入库类别。
- 是否默认值是指是否设定某个采购类型作为填制单据时默认的采购类型，只能设定一种类型为默认值。

(4) 销售类型

销售类型是用户自定义销售业务的类型，其目的在于可以根据销售类型对销售业务数据进行统计和分析。

操作步骤 (微课视频：sy020704.swf)

执行"业务"|"销售类型"命令，进入"销售类型"窗口，按实验资料输入销售类型信息。全部销售类型的设置结果如图2-25所示。

图2-25 销售类型

提示：

- 出库类别是设定在销售系统中填制销售出库单时，输入销售类型后，系统默认的出库类别，以便销售业务数据传递到库存管理系统和存货核算系统时进行出库统计和财务制单处理。
- 是否默认值是指是否设定某个销售类型作为填制单据时默认的销售类型，只能设定一种类型为默认值。

(5) 费用项目

费用项目主要用于处理在销售活动中支付的代垫费用、各种销售费用等业务。

操作步骤 (微课视频：sy020705.swf)

① 执行"业务"|"费用项目分类"命令，进入"费用项目分类"窗口。设置一个"无分类"，结果如图2-26所示。

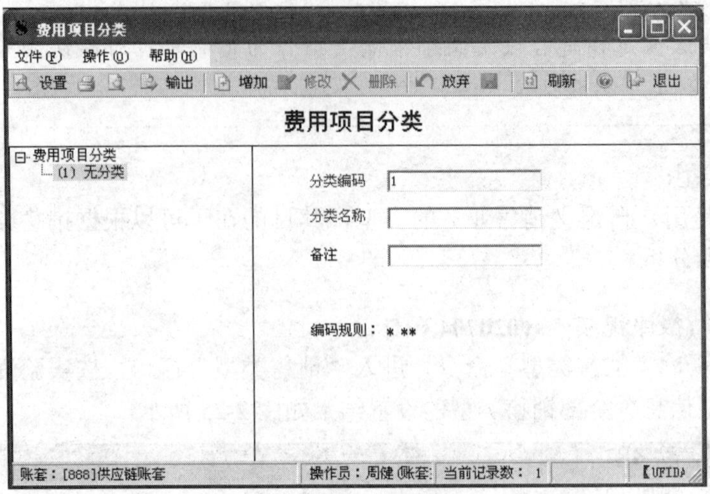

图2-26 费用项目分类

② 执行"业务"|"费用项目"命令，进入"费用项目"窗口，按实验资料输入费用项目信息。全部费用项目的设置结果如图2-27所示。

图2-27 费用项目

(6) 发运方式

发运方式是指设定采购业务、销售业务中存货的运输方式。

操作步骤 (微课视频：sy020706.swf)

执行"业务"|"发运方式"命令，进入"发运方式"窗口，按实验资料输入发运方式信息。

(7) 非合理损耗类型

在企业的采购业务中，由于运输、装卸等原因采购的货物会发生短缺毁损，应根据不同情况，做出相应的账务处理。属于定额内合理损耗的，应视同提高入库货物的单位成本，不另做账处理；运输部门或供货单位造成的短缺毁损，属于定额外非合理损耗的，应根据不同情况分别进行账务处理。因此企业应在此事先设置好本企业可能发生的非合理损耗类型以及对应的入账科目，以便采购结算时根据具体的业务选择相应的非合理损耗类型，并由存货核算系统根据结算时记录的非合理损耗类型自动生成凭证。

操作步骤 （微课视频：sy020707.swf）

执行"业务"|"非合理损耗类型"命令，进入"非合理损耗类型"窗口，按实验资料输入非合理损耗类型信息。

8. 账套输出 （略）

全部完成后，将账套输出至"2-1 基础档案设置"文件夹中。

实验二　单据设置

实验准备

已经完成实验一的操作，或者引入"2-1 基础档案设置"账套备份数据。由 111 操作员(密码为 1)登录 U8 企业应用平台进行单据设置。

实验内容

- 单据格式设置
- 单据编号设置
- 账套输出

实验资料

(1) 设置采购单据格式

为单据"采购订单""到货单""采购专用发票"增加表体栏目"换算率""采购单位"和"件数"。

(2) 设置库存单据格式

为单据"采购入库单"增加表体栏目"换算率""库存单位"和"件数"。

(3) 设置发票编号方式

设置销售专用发票和采购专用发票编号方式为"完全手工编号"。

实验指导

1. 单据格式设置

由于企业的部分存货采用多计量单位制,因此需要在有关的单据中增加可以分别进行主、辅计量核算的项目内容。

操作步骤 (微课视频:**sy020801.swf**)

① 在"基础设置"选项卡中,执行"单据设置"|"单据格式设置"命令,进入"单据格式设置"窗口。

② 执行"U8 单据目录分类"|"采购管理"|"专用发票"|"显示"|"专用发票显示模板"命令,窗口右侧显示系统内置的"专用发票"格式。

③ 单击"表体项目"按钮(或单击鼠标右键,选择快捷菜单中的"表体项目"),打开"表体项目"对话框。

④ 选中"换算率""采购单位"和"件数"复选框,如图 2-28 所示。

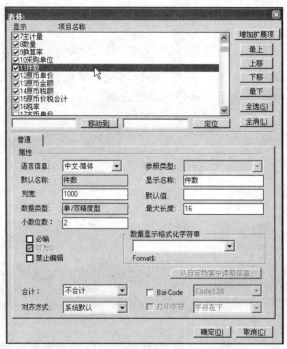

图 2-28 为专用发票增加表体项目

⑤ 单击"确定"按钮,再单击"保存"按钮。

⑥ 同理,为"采购订单"和"到货单"增加表体项目"换算率""采购单位"和"件数"。

按照上述方法，设置库存管理模块中的"采购入库单"格式。在采购入库单显示模板的表体项目中增加"库存单位""件数"和"换算率"，如图 2-29 所示。

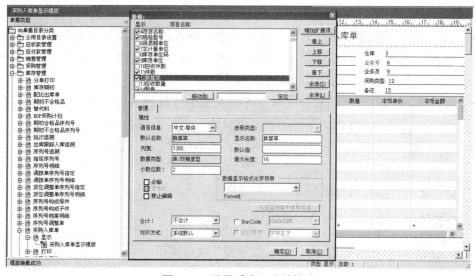

图 2-29　设置采购入库单格式

2. 单据编号设置

发票编号既可以由 U8 系统统一编号，也可以由用户自行编号。用户进行手工编号或修改编号前，需要先进行单据设置，否则，只能由系统编号，用户不能修改。

操作步骤　(微课视频：sy020802.swf)

① 在企业应用平台的基础设置中，执行"单据设置"|"单据编号设置"命令，打开"单据编号设置"对话框。

② 选择"编号设置"选项卡，选择"销售管理"|"销售专用发票"，单击"修改"按钮，选中"完全手工编号"复选框，如图 2-30 所示。

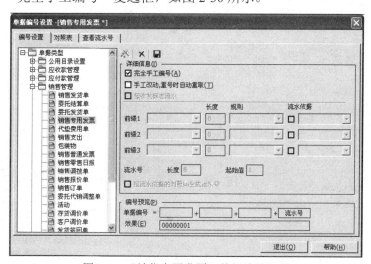

图 2-30　"销售专用发票"单据编号设置

③ 单击"保存"按钮，保存设置，再单击"退出"按钮。

 提示：

- "完全手工编号"是指用户新增单据时，不自动带入用户设置的单据流水号，单据号为空，用户可以直接输入单据号，此种方式主要应用于企业的某种单据号之间无关联或不连续的情况下，如采购发票等。
- "手工改动，重号时自动重取"有推式生单功能的单据，由于生成的单据号都为空，应将这些单据显示给用户，以便输入单据号后进行保存。
- "按收发标志流水"：指对于入库、出库单按照流水方式编号。

④ 按照上述方法，设置采购专用发票"完全手工编号"。

3. 账套输出　（略）

全部完成后，将账套输出至"2-2 单据设置"文件夹中。

第3章 供应链系统初始化

功能概述

用友 U8 供应链管理主要包括合同管理、采购管理、委外管理、销售管理、库存管理、存货核算、售前分析、质量管理等。考虑到教学学时限制及企业实际应用的普及度，本版教材重点介绍采购管理、销售管理、库存管理和存货核算四个子系统。由于应付与付款是采购完整流程的构成部分，应收与收款是销售完整流程的构成部分，同时业务处理的结果是通过存货核算系统、应收款系统和应付款系统传递给总账子系统，因此我们把 U8 财务会计中的应收款管理、应付款管理和总账也作为财务业务一体化应用的必要组成部分。

前面两章已经完成了企业建账和基础信息设置工作。那么，在开始日常的购销存业务处理之前，还需要做好哪几个方面的准备工作呢？这就是本章供应链系统初始化要介绍的主要内容，主要包括选项设置、业务科目设置和期初余额录入。

1. 选项设置

用友 U8 是一个通用管理软件，适用于各行各业企业内部购销存业务管理。而不同企业所属行业不同、管理模式不同，具体业务也有一定差异，那么如何将通用软件与企业个性化管理相结合，构建适合于企业的供应链管理系统呢？一般来说，为了满足不同行业企业的应用，通用软件中预置了大量选项供企业选择，企业应该经过充分的调研，对本行业本企业的生产经营特点进行具体深入的分析，在用友 U8 中正确设定系统选项，从而确定企业个性化应用方案。

2. 自动凭证科目设置

在财务业务一体化集成应用模式下，购销业务在采购管理、销售管理、库存管理处理后，最终要通过存货核算系统、应收款系统和应付款系统生成业务相关凭证传递给总账，以确保业务发生的同时财务上就得到反映。这就需要在存货核算、应收款管理和应付款管理中根据业务类型预先设置好凭证模板,即设置不同业务形成的财务上的对应入账科目,如开出销售专用发票需要确认应收,形成的凭证即为

借:应收账款
　　贷:主营业务收入
　　　　应交税费/应交增值税/销项税额

以上科目需要在应收款系统中预先设置。设置自动科目的作用是业务发生的同时能够快速、准确地生成财务凭证。

3. 期初余额录入

目前企业各业务部门都存在手工已经办理完成的业务,还有一些正在办理过程中的业务,用友 U8 需要哪些数据作为系统初始数据呢?为了保持业务的连续性和完整性,以启用日期 2018-01-01 为界,截止到该日期已经全部办理完成的业务无须再录入 U8 系统,正在办理过程中未完成的业务,如已经给客户发货但未收款的业务、已经办理采购入库但未收到发票因而未付款的业务等,需要按照业务单据逐笔录入 U8 系统中以便后续处理。该日期之后发生的新业务全部在 U8 中处理。

供应链管理系统期初数据的内容及操作要点如表 3-1 所示。

表 3-1　供应链系统期初数据的内容及操作要点

系统名称	操作	内容	说明
采购管理	录入	期初暂估入库 期初在途存货	暂估入库是指货到票未到 在途存货是指票到货未到
	期初记账	采购期初数据	没有期初数据也要执行期初记账,否则不能开始日常业务
销售管理	录入并审核	期初发货单 期初委托代销发货单 期初分期收款发货单	已发货、出库,但未开票 已发货未结算的数量 已发货未结算的数量
库存管理	录入(取数) 审核	库存期初余额 不合格品期初	库存和存货共用期初数据 未处理的不合格品结存量
存货核算	录入(取数) 记账	存货期初余额 期初分期收款发出商品余额	
应收款管理	录入	期初销售发票 期初应收单 期初预收款	已开票未收款的销售业务 其他应收未收的业务 预收客户货款业务
应付款管理	录入	期初采购发票 期初应付单 期初预付款	已收到发票尚未付款的业务 其他应付未付业务 预付供应商货款业务
总账	录入	基本科目及辅助账科目余额	

第3章 供应链系统初始化

实验目的与要求

系统地学习 U8 供应链管理系统选项设置、自动凭证科目设置、期初余额录入的主要内容与操作方法。理解设置系统选项、自动科目的意义。

教学建议

建议本章讲授 2 课时，上机操作练习 2 课时。

实验一　供应链系统初始化

实验准备

已经完成第 2 章实验二的操作，或者引入"2-2 单据设置"账套备份数据。以 111 操作员(密码为 1)登录 U8 系统进行供应链系统初始化设置。

实验内容

- 设置系统选项
- 设置自动凭证科目
- 录入供应链系统期初余额并进行期初记账
- 账套输出

实验资料

1. 设置系统选项(没有特别指明的保持系统默认)

(1) 设置采购管理系统选项
- 启用受托代销
- 允许超订单到货及入库

(2) 设置销售管理系统选项
销售管理选项如表 3-2 所示。

表 3-2　销售管理选项

选项卡	选项设置
业务控制	有零售日报业务 有委托代销业务 有分期收款业务 有直运销售业务 销售生成出库单 报价不含税
其他控制	新增发货单参照订单生成 新增退货单参照发货单生成 新增发票参照发货单生成

(3) 设置库存管理系统选项

库存管理选项如表 3-3 所示。

表 3-3　库存管理选项

选项卡	选项设置
通用设置	采购入库审核时改现存量 销售出库审核时改现存量 其他出入库审核时改现存量
专用设置	自动带出单价的单据包括销售出库单、其他出库单和调拨单
预计可用量控制	不允许超预计可用量出库
预计可用量设置	出入库检查预计可用量

(4) 设置存货核算系统选项

存货核算选项设置如表 3-4 所示。

表 3-4　存货核算选项

选项卡	选项设置
核算方式	核算方式：按仓库核算 暂估方式：单到回冲 销售成本核算方式：销售发票 委托代销成本核算方式：按普通销售核算 零出库成本选择：参考成本
控制方式	结算单价与暂估单价不一致需要调整出库成本

(5) 设置应付款管理系统选项

应付款管理系统选项如表 3-5 所示。

表 3-5 应付款管理系统选项

选项卡	选项设置
常规	单据审核日期依据：单据日期 自动计算现金折扣：是
凭证	受控科目制单方式：明细到单据 采购科目依据：按采购类型

(6) 设置应收款管理系统选项

应收款管理系统选项如表 3-6 所示。

表 3-6 应收款管理系统选项

选项卡	选项设置
常规	单据审核日期依据：单据日期 坏账处理方式：应收余额百分比法
凭证	受控科目制单方式：明细到单据 销售科目依据：按销售类型

2. 设置自动凭证科目

(1) 应付款管理系统初始设置

基本科目设置：应付科目220201，预付科目1123，采购科目1402；税金科目22210101，商业承兑科目2201，银行承兑科目2201。

结算方式科目设置：现金支票、转账支票、电汇结算方式科目为1002。

(2) 应收款管理系统初始设置

基本科目设置：应收科目1122，预收科目2203，销售收入科目6001，税金科目22210105，销售退回科目6001，银行承兑科目1121，商业承兑科目1121。

结算方式科目设置：现金支票、转账支票、电汇结算方式科目为1002。

坏账准备设置：提取比率1%，坏账准备期初余额为0，坏账准备科目1231，对方科目6701。

(3) 存货核算系统科目设置

① 存货科目

存货科目设置如表 3-7 所示。

表 3-7 存货科目

仓库编码及名称	存货编码及名称	差异科目编码及名称	分期收款发出商品科目编码及名称	委托代销发出商品科目编码及名称	直运科目编码及名称
01 明辉鞋仓	1405 库存商品		1406 发出商品	1406 发出商品	1405 库存商品

(续表)

仓库编码及名称	存货编码及名称	差异科目编码及名称	分期收款发出商品科目编码及名称	委托代销发出商品科目编码及名称	直运科目编码及名称
02 兰宇箱包仓	1405 库存商品		1406 发出商品	1406 发出商品	1405 库存商品
03 手机仓	1405 库存商品	1407 商品进销差价	1406 发出商品	1406 发出商品	1405 库存商品
04 代销仓	1321 受托代销商品				

② 对方科目

对方科目如表 3-8 所示。

表 3-8 对方科目

收发类别编码及名称	对方科目编码及名称	暂估科目编码及名称
101 采购入库	1402 在途物资	220202 暂估应付款
102 采购退货	1402 在途物资	
103 盘盈入库	190101 待处理流动资产损溢	
104 受托代销入库	2314 受托代销商品款	2314 受托代销商品款
201 销售出库	6401 主营业务成本	
202 销售退货	6401 主营业务成本	
203 盘亏出库	190101 待处理流动资产损溢	
204 委托代销出库	6401 主营业务成本	

3. 供应链期初数据

1) 采购管理系统(采购系统价格均为不含税价)

期初采购入库单：

(1) 2017 年 12 月 8 日，明辉男正装鞋 240 双，单价 500 元，入明辉鞋仓，购自上海明辉鞋业有限公司。

(2) 2017 年 12 月 18 日，明辉女正装鞋 100 双，单价 350 元，入明辉鞋仓，购自上海明辉鞋业有限公司。

受托代销期初数：

(1) 2017 年 12 月 10 日，伊梦非智能手机 10 部，单价 2 000 元，入代销仓，上海伊梦电子科技公司委托代销。

(2) 2017 年 12 月 28 日，伊梦智能手机 8 部，单价 3 500 元，入代销仓，上海伊梦电子科技公司委托代销。

2) 销售管理系统期初数(销售系统价格均为不含税价)

期初发货单

(1) 2017 年 12 月 8 日，明辉男凉鞋 150 双，单价 450 元，从明辉鞋仓发货；批发销售给北京燕莎百货公司。

(2) 2017 年 12 月 10 日,兰宇男式钱包 300 个,单价 200 元,从兰宇箱包仓发货;批发销售给郑州丹尼斯百货公司。

期初分期收款发出商品

2017 年 12 月 15 日,明辉男休闲鞋 200 双,单价 650 元,从明辉鞋仓发货,批发销售给上海明兴贸易公司。

3) 库存管理系统、存货核算系统期初数(如表 3-9 所示)

表 3-9 库存系统和存货系统期初数

仓库名称	存货编码和名称	数量	单价/元	金额/元	期初差异	差价科目
明辉鞋仓	001 明辉女正装鞋	150	350	52 500	—	
	002 明辉女休闲鞋	600	400	240 000	—	
	003 明辉女凉鞋	100	200	20 000	—	
	004 明辉男正装鞋	280	500	140 000	—	
	005 明辉男休闲鞋	200	450	90 000	—	
	006 明辉男凉鞋	200	300	60 000	—	
兰宇箱包仓	007 兰宇女式钱包	300	120	36 000	—	
	009 兰宇男式钱包	500	150	75 000	—	
代销仓	011 伊梦非智能手机	10	2 000	20 000	—	
	012 伊梦智能手机	10	3 500	35 000	—	
手机仓	013 宏丰非智能手机	10	1 800	18 000	4 000	1407 商品进销差价
	014 宏丰智能手机	6	3 700	22 200	3 000	

注:存货期初差异计入"商品进销差异"账户。

4) 总账系统科目余额

总账系统期初余额(如表 3-10 所示)

表3-10 总账系统期初余额   单位:元

资产			负债和所有者权益		
科目	方向	金额	科目	方向	金额
1001 库存现金	借	8 000	2201 短期借款	贷	200 000
1002 银行存款	借	380 000	220202 暂估应付款	贷	155 000
1321 受托代销商品	借	48 000	2314 受托代销商品款	贷	48 000
1405 库存商品	借	753 700	2501 长期借款	贷	500 000
1406 发出商品	借	152 100	4001 实收资本	贷	1000000
1407 商品进销差价	贷	7 000	4101 盈余公积	贷	150 800
1601 固定资产	借	880 000	410415 未分配利润	贷	40 000
1602 累计折旧	贷	121 000			
合计	借	2 093 800	合计	贷	2 093 800

实验指导

1. 设置系统选项

1) 设置采购管理系统选项

采购管理系统选项设置,是指在处理日常采购业务之前,确定采购业务的范围、类型以及对各种采购业务的核算要求,这是采购管理系统初始化的一项重要工作。因为一旦采购管理系统进行期初记账或开始处理日常业务,有的系统选项就不能修改,有的也不能重新设置。因此,在系统初始化时应该设置好相关的系统选项。

操作步骤 (微课视频:sy030101.swf)

① 在企业应用平台中,打开"业务工作"选项卡,执行"供应链"|"采购管理"命令,进入采购管理系统。

② 在采购管理系统中,执行"设置"|"采购选项"命令,打开"采购系统选项设置"对话框。

③ 打开"业务及权限控制"选项卡,选中"启用受托代销"和"允许超订单到货及入库"复选框,其他选项保持系统默认设置,如图3-1所示。

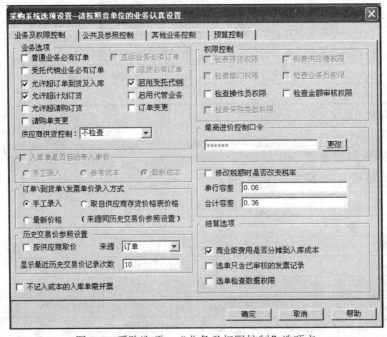

图3-1 采购选项—"业务及权限控制"选项卡

④ 所有选项选定后,单击"确定"按钮,保存系统选项的设置。

提示：

- 只有在建账时选择企业类型为"商业"，才可选择是否"启用受托代销"。该选项可以在采购管理系统中设置，也可以在库存管理系统中设置，在其中一个系统的设置，同时改变在另一个系统的选项。
- 选择"允许超订单到货及入库"选项，表示参照订单生成到货单、入库单时，到货单和入库单上的数量可以超过订单上的订货数量。

2) 设置销售管理系统选项

销售管理系统选项设置，是指在处理销售日常业务之前，确定销售业务的范围、类型及对各种销售业务的核算要求，这是销售管理系统初始化的一项重要工作。因为一旦销售管理开始处理日常业务，有的系统参数就不能修改，有的也不能重新设置。因此，在系统初始化时应该设置好相关的系统参数。

操作步骤　(微课视频：sy030102.swf)

① 在企业应用平台中，执行"供应链"|"销售管理"命令，进入销售管理系统。

② 在销售管理系统中，执行"设置"|"销售选项"命令，打开"销售选项"对话框。

③ 打开"业务控制"选项卡，选中"有零售日报业务""有委托代销业务""有分期收款业务""有直运销售业务"和"销售生成出库单"复选框，取消"报价含税"选中标记，如图3-2所示。

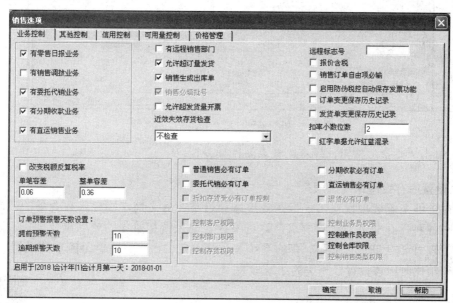

图3-2　销售选项—"业务控制"选项卡

提示:

- 选中"有零售日报业务"选项,销售管理系统中才会出现"零售日报"功能菜单,才能进行零售日报业务处理,同时相关报表中才包括零售日报数据。"有委托代销业务""有分期收款业务""有直运销售业务"几个选项同理。
- 销售生成出库单:选中该项,则销售管理系统中的发货单、销售发票、零售日报、销售调拨单在审核/复核时,自动在销售管理系统中生成销售出库单,并传到库存管理系统和存货核算系统,在库存管理中不可能修改出库数量,即一次发货一次全部出库。不选该项,销售出库单在库存管理系统中参照销售发货单生成;在参照时,可以修改本次出库数量,即一次发货多次出库。

④ 打开"其他控制"选项卡,"新增发货单默认"选择"参照订单";"新增退货单默认"选择"参照发货";"新增发票默认"选择"参照发货";其他选项按系统默认设置,如图3-3所示。

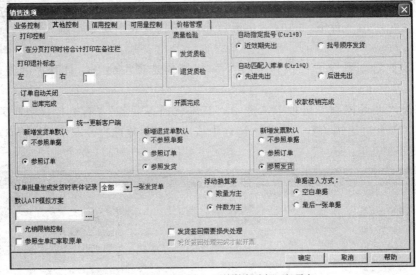

图3-3 销售选项—"其他控制"选项卡

⑤ 单击"确定"按钮,保存销售系统选项设置。

3) 设置库存管理系统选项

库存管理系统选项设置,是指在处理库存日常业务之前,确定库存业务的范围、类型以及对各种库存业务的核算要求,这是库存管理系统初始化的一项重要工作。因为一旦库存管理开始处理日常业务,有的系统参数就不能修改,有的也不能重新设置。因此,在系统初始化时应该设置好相关的系统参数。

操作步骤 (微课视频:sy030103.swf)

① 打开"业务工作"选项卡,执行"供应链"|"库存管理"命令,

进入库存管理系统。

② 在库存管理系统中，执行"初始设置"|"选项"命令，打开"库存选项设置"对话框。

③ 打开"通用设置"选项卡，选中"采购入库审核时改现存量""销售出库审核时改现存量"和"其他出入库审核时改现存量"复选框，如图3-4所示。

图3-4 库存选项—通用设置

④ 打开"专用设置"选项卡，在"自动带出单价的单据"选项区域中选中"销售出库单""其他出库单"和"调拨单"复选框，如图3-5所示。

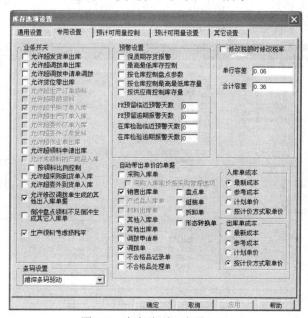

图3-5 库存选项—专用设置

⑤ 打开"预计可用量控制"选项卡，默认不允许超可用量出库。
⑥ 打开"预计可用量设置"选项卡，选中"出入库检查预计可用量"复选框。
⑦ 单击"确定"按钮，保存库存系统的参数设置。

提示：

- 现存量是指企业现时的库存量，可用量是指企业实际可以使用的存量。可用量=现存量-冻结量+预计入库量-预计出库量。
- 现存量是在单据保存时更新，还是审核时更新，会影响现存量、可用量、预计入库量、预计出库量的变化。

4）设置存货核算系统参数

存货核算系统选项设置，是指在处理存货日常业务之前，确定存货业务的核算方式、核算要求，这是存货核算系统初始化的一项重要工作。因为一旦存货核算系统开始处理日常业务，有的系统参数就不能修改，有的也不能重新设置。因此，在系统初始化时应该设置好相关的系统参数。

操作步骤 （微课视频：sy030104.swf）

① 打开"业务工作"选项卡，执行"供应链"|"存货核算"命令，进入存货核算系统。

② 在存货核算系统中，执行"初始设置"|"选项"|"选项录入"命令，打开"选项录入"对话框。

③ 在"核算方式"选项卡中设置核算参数。核算方式：按仓库核算；暂估方式：单到回冲；销售成本核算方式：销售发票；委托代销成本核算方式：按普通销售核算；零成本出库按参考成本核算，如图3-6所示。

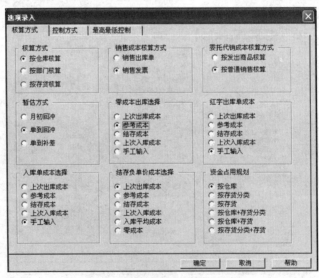

图3-6 存货选项—核算方式

④ 打开"控制方式"选项卡,选中"结算单价与暂估单价不一致是否调整出库成本"复选框,如图3-7所示。其他选项由系统默认。

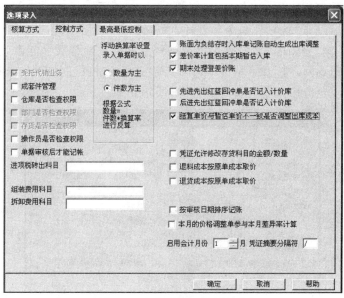

图3-7 存货选项—控制方式

⑤ 单击"确定"按钮,保存存货核算选项设置。

> **提示:**
> - 核算方式:可以选择按仓库核算、按部门核算、按存货核算。选择按仓库核算,在仓库档案中设置计价方式为每个仓库单独核算出库成本;选择按部门核算,则在仓库档案中按部门设置计价方式;选择按存货核算,则按用户在存货档案中设置的计价方式进行核算。
> - 暂估方式:暂估入库存货成本的回冲方式,系统提供了月初回冲、单到回冲、单到补差三种;月初回冲是指月初时系统自动生成红字回冲单,单到报销时,系统自动根据报销金额生成采购报销入库单(蓝字回冲单);单到回冲是指单到报销时,系统自动生成红字回冲单,并生成采购报销入库单;单到补差是指单到报销时,系统自动生成一张调整单,调整金额为实际金额与暂估金额的差额。

5) 应付款管理系统选项设置

应付款管理系统与采购管理系统在联用情况下存在着数据传递关系。因此,启用采购管理系统的同时,应该启用应付款管理系统。应付款管理系统的参数设置和初始设置,都是系统的初始化工作,应该在处理日常业务之前完成。如果应付款管理系统已经进行了日常业务处理,则其系统参数和初始设置就不能随便修改。

操作步骤 (微课视频: sy030105.swf)

① 打开"业务工作"选项卡,执行"财务会计"|"应付款管理"命令,进入应付款管理系统。

② 执行"设置"|"选项"命令,打开"账套参数设置"对话框。

③ 单击"编辑"按钮,系统弹出"选项修改需要重新登录才能生效"信息提示框。单击"确定"按钮返回。打开"常规"选项卡,"单据审核日期依据"选择"单据日期",选中"自动计算现金折扣"复选框,如图3-8所示。

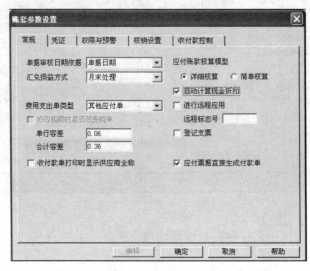

图3-8 应付款账套参数—"常规"选项卡

④ 打开"凭证"选项卡,"受控科目制单方式"选择"明细到单据","采购科目依据"选择"按采购类型",如图3-9所示。

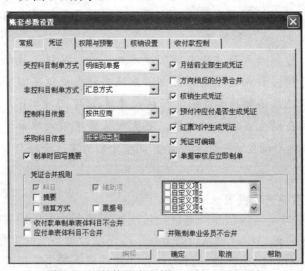

图3-9 应付款账套参数—"凭证"选项卡

⑤ 单击"确定"按钮,保存应付款管理选项设置。

提示：

- 单据审核日期依据：若选择单据日期，则单据的审核日期(即入账日期)为该单据的单据日期。若选择业务日期，则单据的审核日期为登录 U8 系统的日期。
- 采购科目依据：当采购业务造成企业存货增加时，自动凭证入账科目确认依据。系统提供按存货分类、按存货、按供应商分类、按供应商、按采购类型五种选择。

6) 应收款管理系统选项设置

应收款管理系统与销售管理系统在联用的情况下，两个系统存在着数据传递关系。因此，启用销售管理系统的同时，应该启用应收款管理系统。应收款管理系统的参数设置和初始设置，都是系统的初始化工作，应该在处理日常业务之前完成。如果应收款管理系统已经进行了日常业务处理，则其系统参数和初始设置就不能随便修改。

操作步骤 （微课视频：sy030106.swf）

① 打开"业务工作"选项卡，执行"财务会计"|"应收款管理"命令，进入应收款管理系统。

② 执行"设置"|"选项"命令，打开"账套参数设置"对话框。

③ 单击"编辑"按钮，使所有参数处于可修改状态，打开"常规"选项卡，按实验内容设置系统参数，如图 3-10 所示。

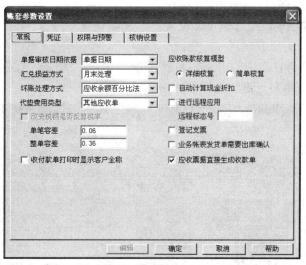

图 3-10 应收款账套参数—"常规"选项卡

④ 打开"凭证"选项卡，按实验内容修改凭证参数的设置，如图 3-11 所示。

⑤ 单击"确定"按钮，保存应收款管理系统选项设置。

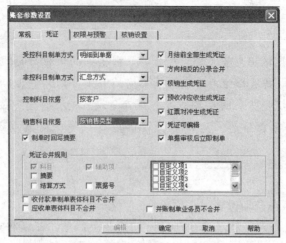

图 3-11 应收款账套参数—"凭证"选项卡

2. 设置自动凭证科目

设置自动凭证科目的目的是当企业业务发生时，按照预先设定的入账科目生成财务核算凭证。存货核算系统生成存货出入库形成的财务凭证；应付款管理系统生成与采购相关的应付与付款类凭证；应收款管理系统生成与销售相关的应收及收款凭证。因此，需要在这三个系统中进行自动凭证科目设置。

1) 应付款管理系统初始设置

操作步骤 （微课视频：sy030201.swf）

① 在应付款管理系统中，执行"设置"|"初始设置"命令，进入"初始设置"窗口。

② 单击"设置科目"中的"基本科目设置"，单击"增加"按钮，根据实验内容对应付款管理系统的基本科目进行设置，如图 3-12 所示。

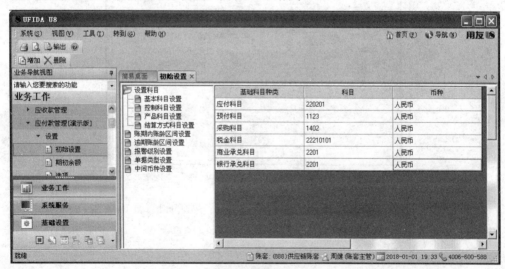

图 3-12 应付款管理系统基本科目设置

③ 执行"结算方式科目设置"命令，根据实验内容对应付款管理系统的结算方式科目进行设置。具体结算方式科目设置如图 3-13 所示。

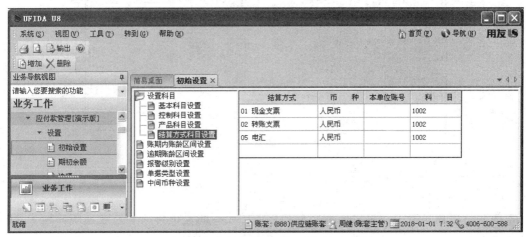

图 3-13 应付款管理系统结算科目设置

2) 应收款管理系统初始设置

操作步骤 （微课视频：sy030202.swf）

① 在应收款管理系统中，执行"初始设置"|"基本科目设置"命令，进入"初始设置"窗口。

② 单击"设置科目"中的"基本科目设置"，单击"增加"按钮，根据实验内容对应收款管理系统的基本科目进行设置，如图 3-14 所示。

图 3-14 应收款管理系统基本科目设置

③ 执行"结算方式科目设置"命令，根据实验内容对应收款管理系统的结算方式科目进行设置。

④ 执行"坏账准备设置"命令，录入相关内容，单击"确定"按钮，系统弹出"储存完毕"信息提示框，单击"确定"按钮，如图 3-15 所示。

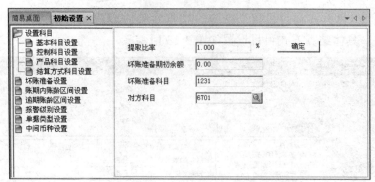

图 3-15 坏账准备设置

3) 存货核算系统科目设置

(1) 存货科目设置

在存货核算系统中，可以生成与购销存业务相关的凭证传递到总账系统。为了能够让系统在业务发生时自动生成凭证，可以根据存货所属仓库或凭证分类或不同的存货设置生成凭证所用到的存货科目、分期收款发出商品科目和委托代销科目。

操作步骤　(微课视频：sy030203.swf)　

① 在存货核算系统中，执行"初始设置"|"科目设置"|"存货科目"命令，进入"存货科目"窗口。

② 按表 3-7 中的资料进行存货科目设置，单击"保存"按钮，如图 3-16 所示。

仓库名称	存货分类编码	存货分类名称	存货编码	存货名称	存货科目编码	存货科目名称	差异科目编码	差异科目名称	分期收款发	分期收款发	委托代销发	委托代销发	直运科目编码	直运科目名称
明辉鞋仓					1405	库存商品			1406	发出商品	1406	发出商品	1405	库存商品
兰宇箱包仓					1405	库存商品			1406	发出商品	1406	发出商品	1405	库存商品
手机仓					1405	库存商品	1407	商品进销差价	1406	发出商品	1406	发出商品	1405	库存商品
代销仓					1321	受托代销商品								

图 3-16 设置存货科目

提示：

- 对于商业企业，采购入库单制单时，借方取存货科目，贷方取对方科目。
- 销售出库单制单时，借方取对方科目，贷方取存货科目。

(2) 存货对方科目设置

在存货核算系统中，可以按照不同的业务类型即收发类别设置生成凭证所需的对方科目。

操作步骤　(微课视频：sy030204.swf)　

① 在存货核算系统中，执行"初始设置"|"科目设置"|"对方科目"

命令，进入“对方科目”窗口。

② 按表 3-8 中的资料进行对方科目设置，单击“保存”按钮，如图 3-17 所示。

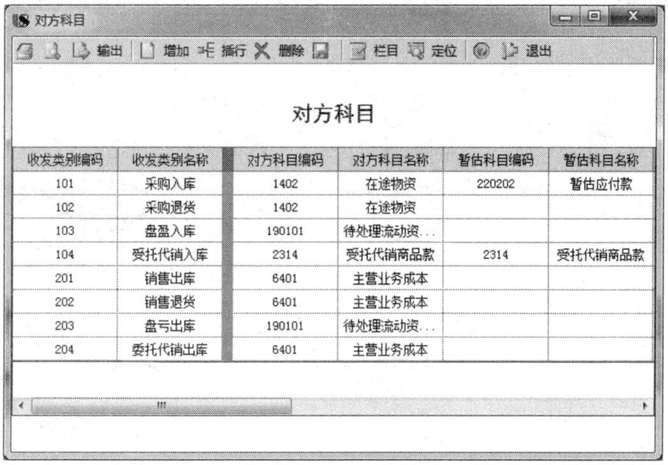

收发类别编码	收发类别名称	对方科目编码	对方科目名称	暂估科目编码	暂估科目名称
101	采购入库	1402	在途物资	220202	暂估应付款
102	采购退货	1402	在途物资		
103	盘盈入库	190101	待处理流动资...		
104	受托代销入库	2314	受托代销商品款	2314	受托代销商品款
201	销售出库	6401	主营业务成本		
202	销售退货	6401	主营业务成本		
203	盘亏出库	190101	待处理流动资...		
204	委托代销出库	6401	主营业务成本		

图 3-17　对方科目

3. 供应链期初数据录入

供应链管理系统是一个有机联系的整体，各个模块之间存在着直接的数据传递关系，彼此影响，相互制约。因此，不仅对其系统参数、初始设置要考虑各个模块之间的数据传递关系，而且对初始数据的录入也要考虑它们之间的影响关系，注意数据录入的先后顺序。

1) 采购管理系统期初数据录入

采购管理系统的期初数据是指在启用系统之前，已经收到采购货物，但尚未收到对方开具的发票。对于这类采购货物，可以按暂估价先办理入库手续，待以后收到发票，再进行采购结算。

(1) 期初暂估入库单录入

操作步骤　(微课视频：sy030301.swf)

① 在采购管理中，执行“采购入库”|“采购入库单”命令，进入“期初采购入库单”窗口。

② 单击“增加”按钮，按实验资料要求录入第 1 张期初采购暂估入库单信息。具体信息如图 3-18 所示。

③ 单击“保存”按钮，保存期初采购暂估入库单信息。

④ 单击“增加”按钮，录入第 2 张采购暂估入库单信息。单击“保存”按钮。

提示：

- 单击“修改”按钮，可以修改期初采购入库单。
- 单击“删除”按钮，可以删除期初采购入库单。

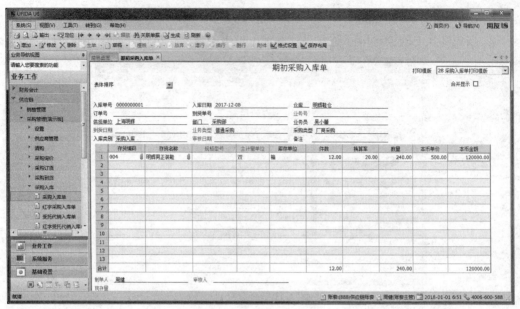

图 3-18 期初暂估入库单

(2) 修改存货档案

受托代销入库单中涉及的存货必须具有受托代销属性。由于伊梦智能手机和伊梦非智能手机属于受托代销商品，需要将其属性设置为"受托代销"，但只有在采购管理系统中选中"启用受托代销"复选框，才能在存货档案中设置"受托代销"属性。因此，在录入受托代销入库单之前，需要为伊梦智能手机和伊梦非智能手机设置受托代销属性。

操作步骤（微课视频：sy030302.swf）

① 打开"基础设置"选项卡，执行"基础档案"|"存货"|"存货档案"命令，进入"存货档案"窗口。

② 选中窗口左边的"手机"类存货，再选中右侧"存货档案"窗口中的"011 伊梦非智能手机"所在行，单击"修改"按钮，进入"修改存货档案"窗口。

③ 选中"受托代销"复选框，如图 3-19 所示。单击"保存"按钮，保存对存货档案的修改。

④ 单击"下一张"按钮，打开"修改存货档案"的"012 伊梦智能手机"对话框。重复上述步骤，保存存货档案信息。

⑤ 关闭退出。

(3) 期初受托代销入库单录入

操作步骤（微课视频：sy030303.swf）

① 执行"采购入库"|"受托代销入库单"命令，进入"期初采购入库单"窗口。

② 单击"增加"按钮，按实验资料要求录入期初受托代销入库单信息，如图 3-20 所示。

③ 单击"保存"按钮。

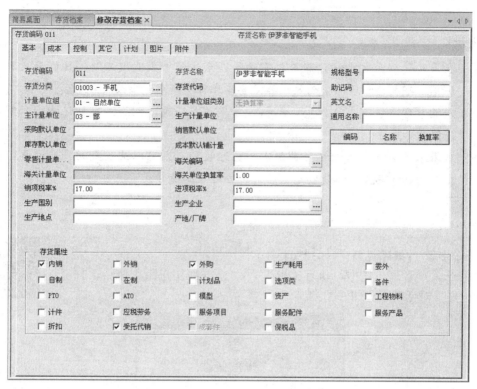

图 3-19　修改存货档案

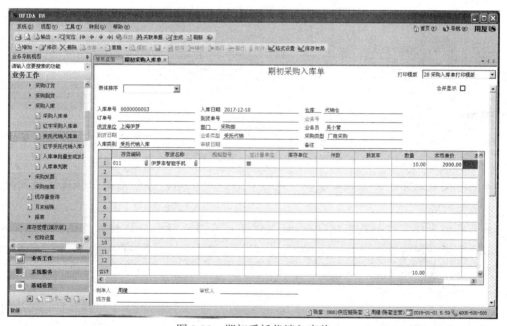

图 3-20　期初受托代销入库单

④ 单击"增加"按钮，录入第二张受托代销入库单信息，并单击"保存"按钮。

⑤ 期初受托代销入库单全部录入之后，单击"退出"按钮，退出期初入库单录入界面。

✋ **提示：**

- 在采购管理系统期初记账前，采购管理系统的"采购入库"，只能录入期初入库单。期初记账后，采购入库单需要在库存管理系统中录入或生成。
- 采购管理系统期初记账前，期初入库单可以修改、删除；期初记账后，则不允许修改和删除。
- 如果采购货物尚未运达企业但发票已经收到，则可以录入期初采购发票，表示企业的在途物资；待货物运达后，再办理采购结算。

(4) 采购管理系统期初记账

操作步骤 （微课视频：sy030304.swf）

① 在采购管理系统中，执行"设置"|"采购期初记账"命令，打开"期初记账"对话框，如图3-21所示。

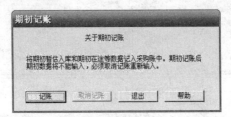

图 3-21 采购管理系统期初记账

② 单击"记账"按钮，弹出"期初记账完毕！"信息提示框。
③ 单击"确定"按钮，完成采购管理系统期初记账。

✋ **提示：**

- 供应链管理系统的各个子系统集成使用时，采购管理系统先记账；库存管理系统所有仓库的所有存货必须"审核"确认；最后，存货核算系统记账。
- 即使采购管理没有期初数据，也要执行期初记账，否则无法开始日常的采购业务处理。
- 采购管理系统如果不执行期初记账，库存管理系统和存货核算系统也不能记账。
- 采购管理若要取消期初记账，可执行"设置"|"采购期初记账"命令，单击"取消记账"即可。

2) 销售管理系统期初数据录入

U8销售管理系统启用时，对于已经发货尚未开具发票的货物，应该作为期初发货单录入销售管理系统中，以便将来开具发票后，进行销售结算。

(1) 期初发货单录入

操作步骤 (微课视频：sy030305.swf)

① 在销售管理系统中，执行"设置"|"期初录入"|"期初发货单"命令，进入"期初发货单"窗口。

② 单击"增加"按钮，按照实验内容输入期初发货单的信息，如图 3-22 所示。

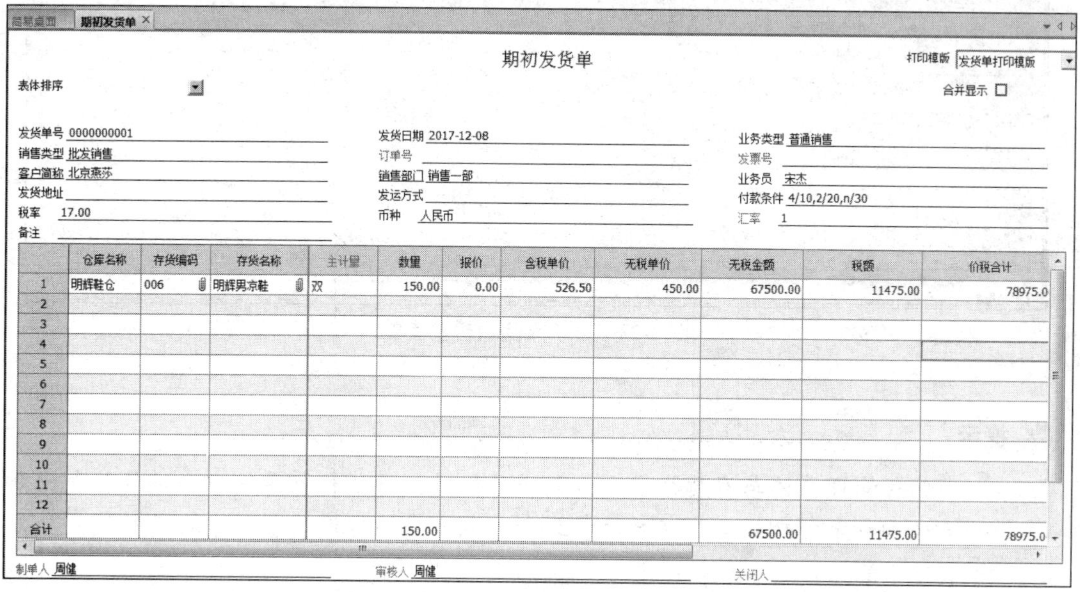

图 3-22　期初发货单

③ 单击"保存"按钮，保存发货单信息。

④ 单击"审核"按钮，审核确认发货单信息。

⑤ 再单击"增加"按钮，录入、保存并审核第 2 张期初发货单。只有审核后的发货单才可用于销售发票录入时参照。

(2) 期初分期收款发货单录入

操作步骤 (微课视频：sy030306.swf)

① 在销售管理系统中，执行"设置"|"期初录入"|"期初发货单"命令。

② 单击"增加"按钮，业务类型选择"分期收款"。按实验内容输入分期收款发货单其他信息。

③ 单击"保存"按钮，保存输入信息。

④ 单击"审核"按钮，如图 3-23 所示。

图 3-23 分期收款期初发货单

提示：

- 当销售管理系统与存货核算系统集成使用时，存货核算系统中分期收款发出商品的期初余额从销售管理系统中取数，取数的依据就是已经审核的分期收款期初发货单。
- 存货核算系统从销售管理系统取数后，销售管理系统就不能再录入存货核算系统启用日期前的分期收款发出商品发货单。
- 在实际业务执行过程中，审核常常是对当前业务完成的确认。有的单据只有经过审核，才是有效单据，才能进入下一流程，才能被其他单据参照或被其他功能、其他系统使用。
- 审核后的发货单不能修改或删除。
- 如果要修改或删除期初发货单，则必须先取消审核，即单击"弃审"按钮。但如果期初发货单已经有下游单据生成，根据发货单生成了销售发票或存货系统已经记账等，那么，该期初发货单是不能弃审的，也不能修改或删除。
- 如果销售管理系统已经执行月末结账，则不能对发货单等单据执行"弃审"。

3）库存管理系统期初数据录入

库存管理系统期初数据录入方法有两种：一是在库存管理系统中直接录入；二是从存货核算系统取数。

（1）从库存系统直接录入

操作步骤　（微课视频：sy030307.swf）

① 在库存管理系统中，执行"初始设置"|"期初结存"命令，进入"库

存期初数据录入"窗口。

② 选择仓库"明辉鞋仓"。单击"修改"按钮,再单击"存货编码"栏中的参照按钮,选择"001 明辉女正装鞋",录入数量"150",单价"350"。

③ 以此方法继续输入"明辉鞋仓"的其他期初结存数据。单击"保存"按钮,保存录入的存货信息,如图3-24所示。

图3-24　库存期初数据录入

④ 单击"批审"按钮,系统弹出"批量审核完成"信息提示框,单击"确定"按钮。

⑤ 在"库存期初"窗口中将仓库选择为"兰宇箱包仓"。单击"修改"按钮,依次输入"兰宇箱包仓"的期初结存数据并保存,如图3-25所示。单击"批审"按钮,对录入的各行信息进行批量审核。

图3-25　兰宇箱包仓期初结存

⑥ 在"库存期初"窗口中将仓库选择为"代销仓"。单击"修改"按钮,依次输入"代销仓"的期初结存数据并保存,如图3-26所示。

⑦ 单击"批审"按钮,对录入的各行信息进行批量审核。

图 3-26 代销仓期初结存

⑧ 在"库存期初"窗口中将仓库选择为"手机仓"。单击"修改"按钮,依次输入"手机仓"的期初结存数据并保存,如图 3-27 所示。

图 3-27 手机仓期初结存

⑨ 单击"批审"按钮,对录入的各行信息进行批量审核。

提示:

- 库存期初结存数据必须按照仓库分别录入。
- 库存期初数据录入完成后,必须进行审核工作。期初结存数据的审核实际是期初记账的过程,表明该仓库期初数据录入工作的完结。
- 库存期初数据审核是分仓库、分存货进行的,即针对一条存货记录进行审核。如果执行"批审"功能,则对选中仓库的所有存货执行审核,但并非审核所有仓库的存货。
- 审核后的库存期初数据不能修改、删除,但可以弃审后进行修改或删除。
- 如果有期初不合格品数据,也可以录入到期初数据中。执行"初始设置"|"期初数据"|"期初不合格品"命令,单击"增加"按钮进行录入,并单击"审核"按钮后退出。

(2) 从存货核算系统取数

当库存管理系统与存货核算系统集成使用时,库存管理系统可以从存货核算系统中读取存货核算系统与库存管理系统启用月份相同的会计期间的期初数。如果两个系统启用月份相同，可直接取存货的期初数；如果两个系统启用月份不同，即存货先启，库存后启，则期初数据需要将存货的期初数据和存货在库存系统启用之前的发生数进行汇总求出结存，才能作为存货的期初数据被库存系统读取。

> **提示：**
> - 取数只能取出当前仓库的数据，即一次只能取出一个仓库的期初数据。
> - 如果当前仓库已经存在期初数据，系统将提示"是否覆盖原有数据"。一般应选择覆盖，否则，期初数据会发生重复。
> - 只有第一年启用时，才能使用取数功能；以后年度结转上年后，取数功能不能使用，系统自动结转期初数据。
> - 取数成功后，也必须对所有仓库的所有存货进行审核，以完成期初记账工作。

4) 存货核算系统期初数据录入

存货核算系统期初数据可以直接录入，有的也可以从库存管理系统中读取。"分期收款发出商品"的期初数据就只能从销售管理系统中取数，而且必须是销售管理系统录入审核后才能取数；按计划价或售价核算出库成本的存货，都应有期初差异或差价。初次使用存货核算系统时，只能在存货核算系统中录入这些存货的期初差异余额或期初差价余额。

(1) 存货期初数据录入与审核

存货期初数据录入方法有两种，一是直接录入；二是从库存管理系统取数。其直接录入方法与库存管理系统类似，在此不再赘述。这里主要讲述用取数的方法录入存货核算期初数据。

操作步骤 （微课视频：sy030308.swf）

① 在存货核算系统中，执行"初始设置"|"期初数据"|"期初余额"命令，进入"期初余额"窗口。

② 选择仓库"明辉鞋仓"，单击"取数"按钮，系统自动从库存管理系统中取出该仓库的全部存货信息，如图3-28所示。

图3-28 存货核算系统期初取数

③ 同理，对兰宇箱包仓、手机仓和代销仓进行取数操作。
(2) 与库存管理系统进行期初对账

操作步骤 （微课视频：sy030309.swf）

① 在期初余额界面，单击"对账"按钮，打开"库存与存货期初对账查询条件"对话框。

② 选择所有仓库，单击"确定"按钮。系统自动对存货核算与库存管理系统的存货数据进行核对，如果对账成功，弹出提示信息如图 3-29 所示。

图 3-29　存货核算系统与库存管理系统期初对账

③ 单击"确定"按钮。

(3) 存货期初差异录入

按计划价或售价核算出库成本的存货，应该在存货核算系统中录入期初差异余额。

操作步骤 （微课视频：sy030310.swf）

① 在存货核算系统中，执行"初始设置"|"期初数据"|"期初差异"命令，进入"期初差价"窗口。

② 仓库选择"手机仓"。查看期初差价，如图 3-30 所示。

存货编码	存货名称	数量	金额	差价	差价科目
01	商品	16.00	47,200.00	7,000.00	
01003	手机	16.00	47,200.00	7,000.00	
014	宏丰智能手机	6.00	25,200.00	3,000.00	商品进销差价
013	宏丰非智能手机	10.00	22,000.00	4,000.00	商品进销差价
合计：		16.00	47,200.00	7,000.00	

图 3-30　存货期初差价

提示：

- 如果存货核算系统核算方式为按部门核算，则"仓库"下拉列表中显示所有按计划价或售价核算部门下属的仓库；如果存货核算系统核算方式为按仓库核算，则"仓库"下拉列表中显示所有按计划价或售价核算的仓库，存货的差异或差价按核算仓库输入；如果存货核算系统核算方式为按存货核算，则"仓库"下拉列表中显示所有仓库，仓库中存货的差异或差价应按存货输入。
- 先录入存货期初余额，再录入存货期初差异或差价。
- 存货期初差价只能在存货核算系统中录入，不能从库存管理系统取数，也不能在库存管理系统中录入。

(4) 期初分期收款发出商品

操作步骤 （微课视频：sy030311.swf）

① 在存货核算系统中，执行"初始设置"|"期初数据"|"期初分期收款发出商品"命令，进入"期初分期收款发出商品"窗口。

② 单击"取数"按钮，系统弹出"取数完毕"信息提示框，单击"确定"按钮返回。

③ 单击"查询"按钮，打开"期初发出商品查询"对话框。选择"明辉鞋仓"，单击"确定"按钮，显示从销售管理系统录入的分期收款发货记录，如图3-31所示。

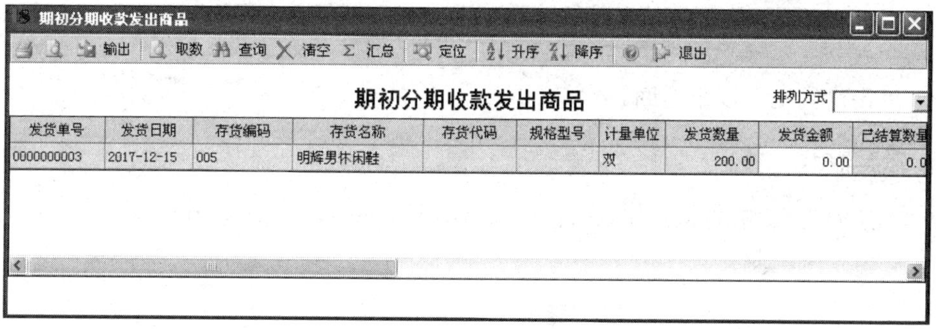

图3-31 存货核算期初分期收款发出商品

(5) 存货核算期初记账

操作步骤 （微课视频：sy030312.swf）

① 在存货核算系统中，执行"初始设置"|"期初数据"|"期初余额"命令，进入"期初余额"窗口。

② 单击"记账"按钮，系统弹出"期初记账成功！"信息提示框。单击"确定"按钮，完成期初记账工作。

提示：
- 记账是对所有仓库的存货进行记账。
- 如果已经进行业务核算，则不能恢复记账。

5) 录入总账期初余额

操作步骤 （微课视频：sy030313.swf）

① 在企业应用平台业务工作选项卡中，执行"财务会计"|"总账"|"设置"|"期初余额"命令，打开"期初余额录入"对话框。

② 在"期初余额录入"对话框中，依次录入每一个会计科目的期初余额。

③ 单击"试算"按钮，打开"期初试算平衡表"对话框，如图3-32所示。

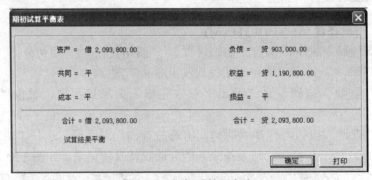

图3-32 期初试算平衡表

④ 单击"确定"按钮返回。

4. 账套输出 （略）

全部完成后，将账套输出至"3-1 供应链系统初始化"文件夹中。

第4章 采 购 管 理

功能概述

用友 U8 采购管理系统，通过普通采购、直运采购、受托代销采购等采购流程对不同的采购业务进行有效的控制和管理，以便帮助企业降低采购成本，提升企业竞争力。

采购管理系统的主要功能包括：

(1) 采购管理初始化设置

采购管理初始化设置包括采购选项设置和采购期初数据录入及记账。采购选项的设置将决定用户使用系统的业务流程、业务模式及数据流向。

采购管理的期初数据包括期初暂估入库、期初在途存货、期初受托代销商品等，期初数据录入后要执行采购期初记账。

(2) 供应商管理

加强对供应商的管理，有利于企业建立稳定的采购渠道，降低采购成本，确保供货质量。对供应商的管理包括供应商资格审批、供应商供货审批、供应商存货对照表、供应商供货信息管理以及供应商分析等。供应商管理既包括对采购系统的供应商管理，还包括对委外系统的供应商管理。

(3) 采购业务管理

对采购业务的全流程进行管理，具体包括请购、采购订货、采购到货、采购入库、采购发票、采购结算的完整采购流程。用户还可以根据实际情况进行采购流程的定制。

采购管理根据企业应用可分为四种业务类型：普通采购业务、代管采购业务、受托代销业务和直运业务。

(4) 采购账簿及采购分析

采购管理系统可以提供各种采购明细表和统计表、多种采购账簿，并可以进行多维度的采购分析。

实验目的与要求

运用采购管理系统对普通采购业务、受托代销业务、直运采购业务、退货业务和暂估业务等进行处理，及时进行采购结算；能够与应付款管理系统、总账系统集成使用，以便及时处理采购款项，并对采购业务进行相应的账务处理。通过本章的学习，要求能够掌握采购业务的处理流程和处理方法，深入了解采购管理系统与供应链系统的其他子系统之间的数据传递关系。

教学建议

建议本章讲授6课时，上机操作练习8课时。

实验一 普通采购业务

实验准备

已经完成第3章实验一的操作，或者引入"3-1 供应链系统初始化"账套备份数据。以111操作员(密码为1)的身份登录888账套进行采购业务处理。

实验内容

- 单货同行的普通采购业务处理
- 暂估入库结算采购业务处理
- 无订单到货普通采购业务处理

实验资料

1. 单货同行的采购业务

2018年1月1日，向上海明辉鞋业有限公司提出采购请求，请求采购女正装鞋10箱(200双)，报价320元/双(6400/箱)；明辉女休闲鞋20箱(400双)，报价380元/双(7600/箱)；女凉鞋30箱(600双)，报价180元/双(3600/箱)。需求日期为2018年1月3日。

2018年1月1日，上海明辉鞋业有限公司同意采购请求，但要求修改采购价格。经协商，本公司同意对方提出的订购价格：女正装鞋单价350元(7000元/箱)，女休闲鞋单价400元(8000元/箱)，女凉鞋单价200元(4000元/箱)，并正式签订订货合同，商定本月3日到货。

2018 年 1 月 3 日，收到上海明辉鞋业有限公司发来的鞋和专用发票，发票号码 ZY184101 票载明女正装鞋 10 箱，单价 350 元；女休闲鞋 20 箱，单价 400 元；女凉鞋 30 箱，单价 200 元。经检验质量全部合格，办理入库(明辉鞋仓)。财务部门确认该笔采购业务入库成本和应付款项。

2018 年 1 月 3 日，财务部门开出转账支票(票号 1701)，金额 400 000 元，支付上述部分货款。

2. 暂估入库结算处理

2018 年 1 月 3 日，收到上海明辉鞋业有限公司开具的 2017 年 12 月 8 日已入库业务的专用发票，发票号 ZY184102，载明明辉男正装鞋 240 双，单价 480 元，增值税率 17%。本公司验收入库后当即支付货款和税款(现金支票 XJ1801)。

3. 无订单到货入库的普通采购业务

2018 年 1 月 3 日，收到北京宏丰电子科技公司的专用发票，发票号码 ZY184103。发票载明宏丰非智能手机 20 部，单价 1800 元；宏丰智能手机 50 部，单价 3700 元，增值税率 17%，货已全部验收入库，尚未支付货款。

实验指导

1. 第 1 笔采购业务

普通采购业务按照货物和发票到达的先后顺序分为三种类型：单货同行、货到票未到(暂估业务)和票到货未到(存货在途)。

本笔业务为单货同行的普通采购业务，且包括了从请购、订货、到货、入库、发票、结算、入库记账、形成应付和付款核销的全流程。业务处理流程如图 4-1 所示。

(1) 采购请购

采购请购是指企业内部各部门向采购部提出采购申请，由采购部汇总企业内部采购需求提出采购清单。请购是采购业务处理的起点。用于描述和生成采购的需求，如采购什么货物、采购多少、何时使用、什么人用等内容；同时，也可为采购订单提供建议内容，如建议供应商、建议订货日期等。

操作步骤　(微课视频: sy040101.swf)

① 执行"供应链"|"采购管理"命令，进入采购管理系统。
② 执行"请购"|"请购单"命令，进入"采购请购单"窗口。
③ 单击"增加"按钮，选择业务类型为"普通采购"，修改采购日期为"2018-01-01"，请购部门为"采购部"，采购类型为"厂商采购"。
④ 在表体中选择存货名称"001 明辉女正装鞋"，在数量栏输入"200"，在本币单价栏输入"320"，需求日期为"2018-01-03"。
⑤ 继续输入女休闲鞋和女凉鞋的相关信息，单击"保存"按钮，如图 4-2 所示。

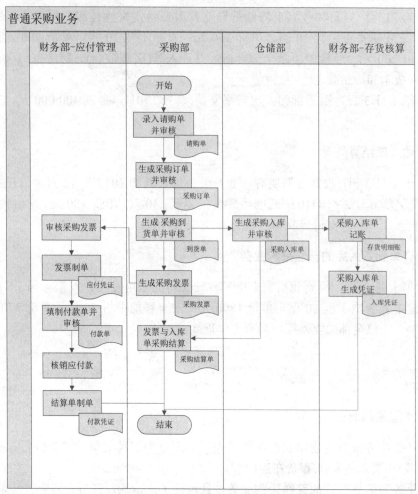

图 4-1　普通采购业务流程

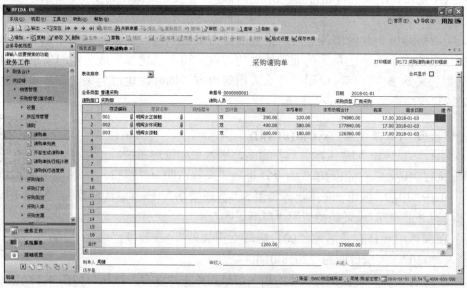

图 4-2　采购请购单

⑥ 单击“审核”按钮，审核该请购单。

⑦ 关闭采购请购单窗口。

提示：

- 已审核未关闭的请购单可以参照生成采购订单，或比价生成采购订单。
- 审核后的请购单不能直接修改。如果要修改审核后的请购单，需要先“弃审”，再“修改”，修改后单击“保存”按钮确认并保存修改信息。
- 没有审核的请购单可以直接删除；已经审核的请购单需要先“弃审”，然后才能删除。
- 要查询采购请购单，可以查看“请购单列表”。在列表中，双击需要查询的单据，可以打开该请购单；也可以在此执行“弃审”“删除”操作。
- 进行日常业务处理时，系统日期修改为1月31日。进行每一笔业务处理时，需要按业务发生日期重注册，以业务真实发生日期进入系统，保持单据的审核日期与业务发生日期一致。

(2) 采购订货

本笔业务需要录入采购订单。采购订单可以直接输入，也可以参照请购单生成。本例参照请购单生成采购订单。

操作步骤　(微课视频：sy040102.swf)

① 在采购管理系统中，执行“采购订货”|“采购订单”命令，进入“采购订单”窗口。

② 单击“增加”按钮，单击“生单”按钮旁的下三角按钮打开可选列表，选择“请购单”，打开“查询条件选择”对话框，单击“确定”按钮，进入“拷贝并执行”窗口。

③ 单击“全选”按钮，如图4-3所示。

选择	请购单编号	请购单日期	业务类型
Y	0000000001	2018-01-01	普通采购
合计			

选择	供货商	存货编码	存货名称	规格型号	主计量	请购数量	已订货数量	本币单价	本币价...	表体税率	请购单编号	需求分类代号说明
Y		001	明辉女...		双	200.00	0.00	320.00	74,880.00	17.00	0000000001	
Y		002	明辉女...		双	400.00	0.00	380.00	177,840.00	17.00	0000000001	
Y		003	明辉女凉鞋		双	600.00	0.00	180.00	126,360.00	17.00	0000000001	
合计												

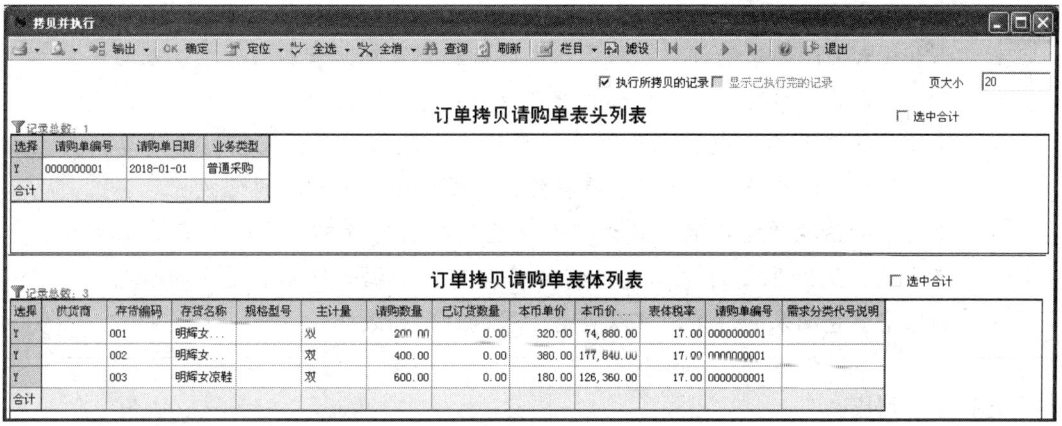

图4-3　订单拷贝请购单

④ 单击“OK 确定”按钮，将采购请购单相关信息带入采购订单。

⑤ 修改订单日期为"2018-01-01",选择供应商"上海明辉",修改原币单价信息:女正装鞋 350 元,女休闲鞋 400 元,女凉鞋 200 元。完成后单击"保存"按钮。

⑥ 单击"审核"按钮,审核采购订单,如图 4-4 所示。

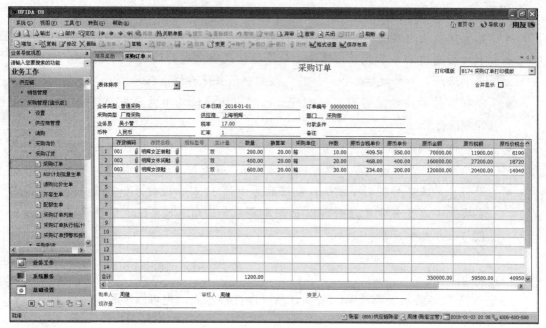

图 4-4 采购订单

⑦ 关闭采购订单窗口。

提示:

- 采购订单的审核可以有三种含义,企业可以根据需要选择其中一种。其一,表示供货单位已确认;其二,表示经过检查,确认订单内容正确;其三,表示采购主管已审批通过。
- 已审核未关闭的采购订单可以参照生成采购到货单、采购入库单、采购发票。
- 在填制采购订单时,单击鼠标右键可以查看存货现存量。
- 拷贝采购请购单生成的采购订单信息可以修改。但是如果根据请购单拷贝生成的采购订单已经审核,则不能直接修改,需要先"弃审"再修改。
- 拷贝采购请购单生成的采购订单如果已经生成到货单或采购入库单,也不能直接修改、删除采购订单信息,需要将其下游单据删除后,才能修改。
- 如果需要查询采购订单,可以查看"采购订单列表"。

(3) 采购到货

采购到货是采购订货和采购入库的中间环节,一般由采购业务员根据供方通知或送货单填写,确认对方所送货物、数量、价格等信息,以入库通知单的形式传递到仓库作为保管员收货的依据。

操作步骤 （微课视频：sy040103.swf）

① 在采购管理系统中，执行"采购到货"|"到货单"命令，进入"到货单"窗口。

② 单击"增加"按钮，单击"生单"按钮旁的下三角按钮打开可选列表，选择"采购订单"，打开"查询条件选择"对话框。单击"确定"按钮，进入"拷贝并执行"窗口。

③ 单击"全选"按钮，单击"OK确定"按钮，将采购订单相关信息带入采购到货单，如图 4-5 所示。

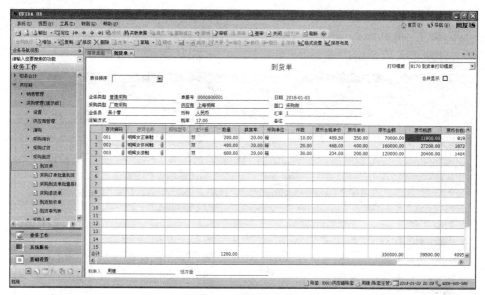

图 4-5　采购到货单

④ 单击"保存"按钮，保存到货单。
⑤ 单击"审核"按钮，审核到货单。

提示：

- 采购到货单可以手工录入，也可以拷贝采购订单生成。
- 如果采购到货单与采购订单信息有差别，可以直接据实录入到货单信息，或者直接修改生成的到货单信息，再单击"保存"按钮确认修改的到货单。
- 没有生成下游单据的采购到货单可以直接删除。
- 已经生成下游单据的采购到货单不能直接删除，需要先删除下游单据后，才能删除采购到货单。

(4) 采购入库

当采购管理系统与库存管理系统集成使用时，采购入库单需要在库存管理系统中录入。如果采购管理系统不与库存管理系统集成使用，则采购入库业务在采购管理系统中进行处理。

操作步骤 (微课视频:sy040104.swf)

① 在库存管理系统中,执行"入库业务"|"采购入库单"命令,进入"采购入库单"窗口。

② 单击"生单"按钮旁下三角按钮打开可选列表,选择"采购到货单(蓝字)",打开"查询条件选择"对话框。单击"确定"按钮,进入"到货单生单列表"窗口。

③ 单击"全选"按钮,单击"OK确定"按钮,将到货单相关信息带入采购入库单。

④ 补充选择仓库"明辉鞋仓",入库类别"采购入库",单击"保存"按钮。

⑤ 单击"审核"按钮,系统弹出"该单据审核成功!"信息提示框,单击"确定"按钮返回,如图4-6所示。

⑥ 关闭采购入库单窗口。

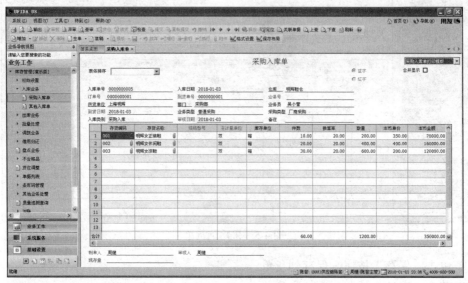

图4-6 采购入库单

提示:

- 在库存管理系统中录入或生成的采购入库单,可以在采购管理系统中查看,但不能修改或删除。
- 如果需要手工录入采购入库单,则在库存管理系统中进入"采购入库单"窗口时,单击"增加"按钮,可以直接录入采购入库单信息。
- 如果在采购选项中设置了"普通业务必有订单",则采购入库单不能手工录入,只能参照生成。
- 根据上游单据拷贝生成下游单据后,上游单据不能直接修改、弃审。删除下游单据后,其上游单据才能执行"弃审"操作,弃审后才能修改。
- 要查询采购入库单,可以在采购系统中查看"采购入库单列表"。

(5) 采购发票

采购发票是供应商开出的销售货物的凭证,系统根据采购发票确认采购成本,并据此登记应付账款。采购发票按业务性质分为蓝字发票和红字发票;按发票类型分为增值税专用发票、普通发票和运费发票。

采购发票可以参照采购订单或采购入库单生成,也可以参照其他采购发票。

操作步骤　**(微课视频:sy040105.swf)**

① 在采购管理系统中,执行"采购发票"|"专用采购发票"命令,进入"专用发票"窗口。

② 单击"增加"按钮,单击"生单"按钮旁的下三角按钮打开可选列表,选择"入库单",打开"查询条件选择"对话框,单击"确定"按钮,进入"拷贝并执行"窗口。双击所要选择的采购入库单,"选择"栏显示"Y",如图4-7所示。

图4-7　发票拷贝入库单表头列表

③ 单击"OK确定"按钮,系统将采购入库单相关信息带到采购专用发票。

④ 补充输入发票号"ZY184101",单击"保存"按钮,保存参照采购入库单生成的采购专用发票,如图4-8所示。

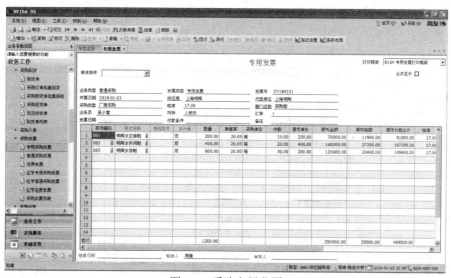

图4-8　采购专用发票

提示：

- 采购发票可以手工输入，也可以根据采购订单、采购入库单参照生成。
- 如果在采购选项中设置了"普通采购必有订单"，则不能手工录入采购发票，只能参照生成采购发票。如果需要手工录入，则需要先取消"普通业务必有订单"选项。
- 如果要录入采购专用发票，需要先在基础档案中设置有关开户银行信息，否则，只能录入普通发票。
- 采购专用发票中的表头税率是根据专用发票默认税率带入的，可以修改。采购专用发票的单价为无税单价，金额为无税金额，税额等于无税金额与税率的乘积。
- 普通采购发票的表头税率默认为0，运费发票的税率默认为7%，可以进行修改；普通发票、运费发票的单价为含税单价，金额为价税合计。
- 如果收到供应商开具的发票但没有收到货物，可以对发票压单处理，待货物运达后，再输入采购入库单并进行采购结算；也可以先将发票输入系统，以便实时统计在途物资。
- 在采购管理系统中可以通过查看"采购发票列表"查询采购发票。

(6) 采购结算

采购结算就是采购报账，是指采购人员根据采购入库单、采购发票核算采购入库成本。采购结算生成采购结算单，它是记载采购入库单记录与采购发票记录对应关系的结算对照表。采购结算分为自动结算和手工结算。

采购自动结算是由系统自动将符合条件的采购入库单记录和采购发票记录进行结算。系统按照三种结算模式进行自动结算：入库单和发票结算、红蓝入库单结算、红蓝发票结算。

操作步骤　（微课视频：sy040106.swf）

① 在采购管理系统中，执行"采购结算"|"自动结算"命令，打开"查询条件选择-采购自动结算"对话框，选择结算模式"入库单和发票"，如图4-9所示。

图4-9　采购自动结算

② 单击"确定"按钮，系统自动进行结算。如果存在完全匹配的记录，则系统弹出"结算成功"信息提示对话框，如图 4-10 所示，单击"确定"按钮返回。如果不存在完全匹配的记录，则系统弹出"状态：没有符合条件的红蓝入库单和发票"信息提示框。

图 4-10 结算成功信息

③ 执行"采购结算"|"结算单列表"命令，双击需要查询的结算表，可以打开结算表，查询、打印本次自动结算结果，如图 4-11 所示。

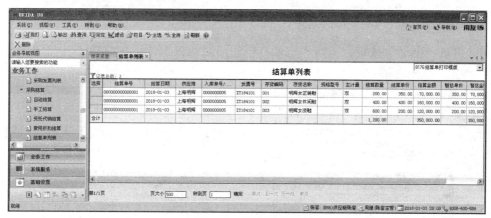

图 4-11 采购结算单

提示：

- 设置采购自动结算过滤条件时，存货分类与存货是互斥的，即同时只能选择一个条件进行过滤。
- 结算模式为复选，可以同时选择一种或多种结算模式。
- 执行采购结算后的单据不能进行修改、删除操作。
- 如果需要删除已经结算的发票或采购入库单，可以在"结算单列表"中打开该结算单并删除，这样才能对采购发票或采购入库单执行相关的修改、删除操作。

(7) 记账并生成入库凭证

采购成本的核算在存货核算系统中进行。存货核算系统记账后，才能确认采购商品的采购成本。

操作步骤 （微课视频：sy040107.swf）

① 在存货核算系统中，执行"业务核算"|"正常单据记账"命令，打开"查询条件选择"对话框。

② 选择仓库"明辉鞋仓"，单击"确定"按钮，进入"正常单据记账列表"窗口，如图 4-12 所示。

图 4-12 正常单据记账列表

③ 单击"全选"按钮。单击"记账"按钮，系统弹出"记账成功。"信息提示框，单击"确定"按钮返回。

④ 关闭正常单据记账列表窗口。

⑤ 执行"财务核算"|"生成凭证"命令，进入"生成凭证"窗口。

⑥ 单击"选择"按钮，打开"查询条件"对话框。选中"(01)采购入库单(报销记账)"复选框，如图 4-13 所示。

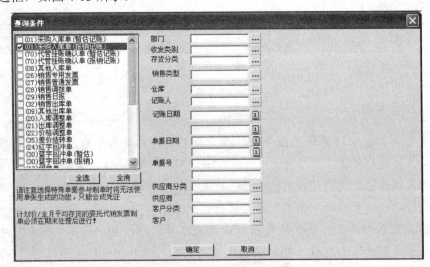

图 4-13 "查询条件"对话框

⑦ 单击"确定"按钮，进入"未生成凭证单据一览表"窗口，如图4-14所示。

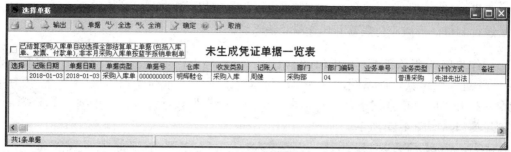

图 4-14　未生成凭证单据一览表

⑧ 单击记录"选择"栏，或单击"全选"按钮，选中待生成凭证的单据，单击"确定"按钮，进入"生成凭证"窗口。

⑨ 选择"转账凭证"，如图4-15所示。

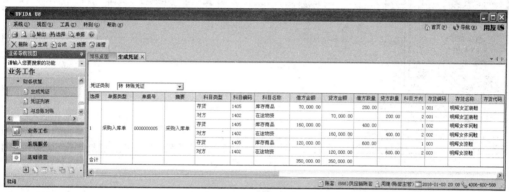

图 4-15　生成凭证

⑩ 单击"生成"按钮，生成一张转账凭证。修改凭证日期为"2018-01-03"。单击"保存"按钮，如图4-16所示。关闭退出。

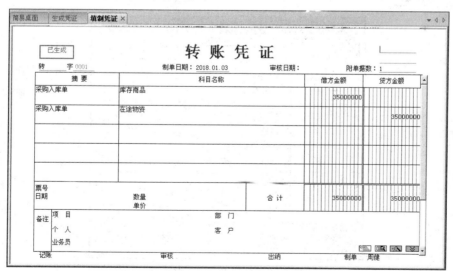

图 4-16　存货入库的转账凭证

(8) 财务部门确认应付账款

采购结算后的发票会自动传递到应付款管理系统，需要在应付款管理系统中审核确认后进行制单，形成应付账款并传递给总账系统。

操作步骤 (微课视频：sy040108.swf)

① 进入应付款管理系统，执行"应付单据处理"|"应付单据审核"命令，打开"应付单查询条件"对话框。单击"确定"按钮，进入"单据处理"窗口，如图4-17所示。

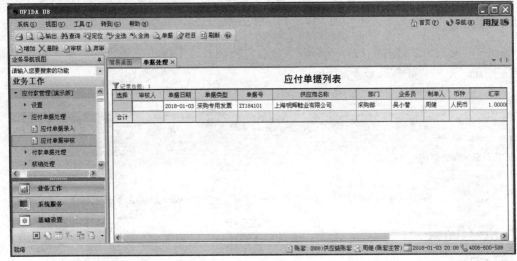

图4-17 单据处理

② 单击"选择"栏或单击"全选"按钮，单击"审核"按钮，系统弹出审核成功信息提示框，单击"确定"按钮返回。"审核人"栏显示审核人姓名。

③ 执行"制单处理"命令，打开"制单查询"对话框，如图4-18所示，选择"发票制单"复选框。

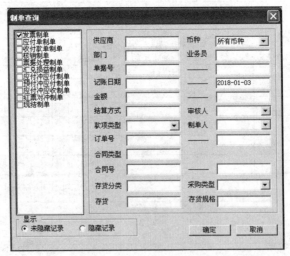

图4-18 "制单查询"对话框

④ 单击"确定"按钮，进入"采购发票制单"窗口。

⑤ 选择"转账凭证"，修改制单日期为"2018-01-03"，再单击"全选"按钮，选中要制单的"采购发票"，如图4-19所示。

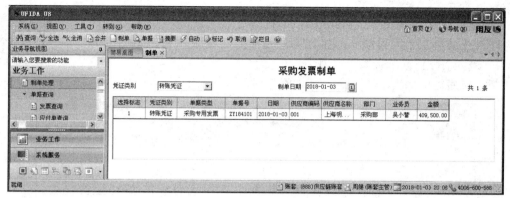

图4-19 "采购发票制单"窗口

⑥ 单击"制单"按钮，生成一张转账凭证，单击"保存"按钮，如图4-20所示。

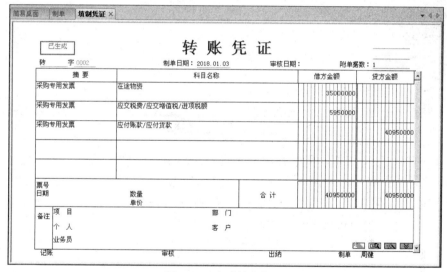

图4-20 生成转账凭证

✎ 提示：

- 只有采购结算后的采购发票才能自动传递到应付款管理系统，并且需要在应付款管理系统中审核确认，才能形成应付账款。
- 在应付款管理系统中可以根据采购发票制单，也可以根据应付单或其他单据制单。
- 在应付款管理系统中可以根据一条记录制单，也可以根据多条记录合并制单，用户可以根据选择的制单序号进行处理。

(9) 付款及核销处理

支付货款是采购的最后一环。可以货到立即支付也可以根据采购合同定期支付。付款后要及时核销应付账款，以便于进行精准的账龄分析。

操作步骤 （微课视频：sy040109.swf）

① 在应付款管理系统中，执行"付款单据处理"|"付款单据录入"命令，进入"收付款单录入"窗口。

② 单击"增加"按钮，输入付款单各项信息，单击"保存"按钮，如图4-21所示。

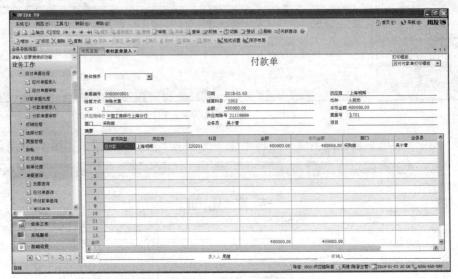

图4-21 录入付款单

③ 单击"审核"按钮，系统弹出"是否立即制单"信息提示框。单击"是"按钮，进入"填制凭证"窗口。

④ 修改凭证类别为"付款凭证"，单击"保存"按钮，凭证左上角显示"已生成"，如图4-22所示。关闭填制凭证窗口。

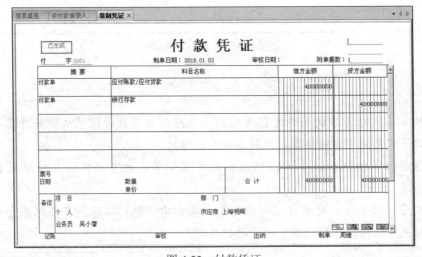

图4-22 付款凭证

⑤ 在收付款单录入界面,单击"核销"按钮,打开"核销条件"对话框。单击"确定"按钮,进入"单据核销"窗口。

⑥ 在窗口下方采购专用发票记录行"本次结算"栏输入"400 000",如图 4-23 所示。单击"保存"按钮,本行记录本币余额"9500",如图4-24所示。

图 4-23　核销部分应付款

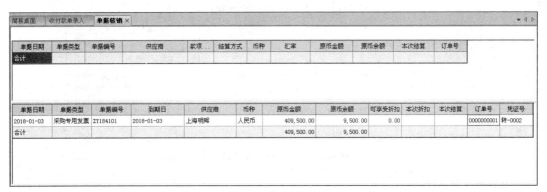

图 4-24　核销完成后

提示:

- 单据核销的作用是处理付款核销应付款,建立付款与应付款的核销记录,监督应付款及时核销,加强往来款项的管理。
- 根据付款金额不同,核销分为三种情况。如果付款单的金额等于应付单据的金额,付款单与应付单据完全核销。如果付款单的金额小于应付单据的金额,单据仅得到部分核销。如果付款单的金额大于应付单据的金额,那么核销完应付单据之后,余款会形成预付款。

2. 第 2 笔采购业务

该笔业务是暂估入库结算业务。上月已验收入库,月底未收到发票暂估入账。本月收到发票,发票上单价480与上月入库暂估单价500不同,并且采用现结方式付清全部货款。

U8 系统中对暂估入库业务提供了三种处理方式：月初回冲、单到回冲和单到补差。本公司选用了单到回冲方式处理暂估业务。本笔业务处理流程如图 4-25 所示。

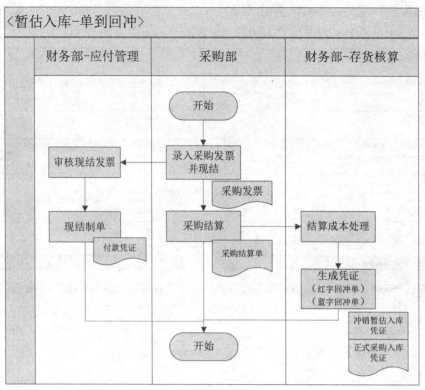

图 4-25　第 2 笔业务处理流程

(1) 录入采购发票并现付

操作步骤　**(微课视频：sy040201.swf)**

① 在采购管理系统中，执行"采购发票"|"专用采购发票"命令，进入"专用发票"窗口。

② 单击"增加"按钮，单击"生单"按钮旁的下三角按钮，从列表中选择"入库单"，打开"查询条件选择"对话框。

③ 起始日期"2017-12-01"，单击"确定"按钮，进入"拷贝并执行"窗口。选中要参照的"2017-12-08"入库单，单击"OK 确定"按钮，将入库单相关信息带入采购专用发票。

④ 补充输入发票号"ZY184102"，修改原币单价"480"，单击"保存"按钮，如图 4-26 所示。

⑤ 单击"现付"按钮，打开"采购现付"对话框，输入结算方式、票号和金额(134784)，如图 4-27 所示。

⑥ 单击"确定"按钮，采购专用发票左上角打上了红色的"已现付"标记。

图 4-26　正式采购专用发票

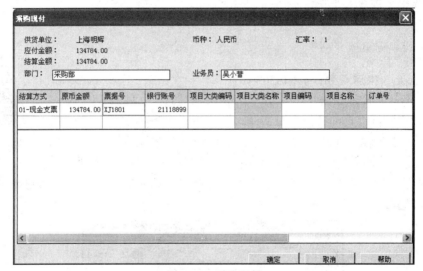

图 4-27　采购现付

(2) 进行采购结算

操作步骤　(微课视频：sy040202.swf)

① 在采购管理系统中，执行"采购结算"|"手工结算"命令，进入"手工结算"窗口。

② 单击"选单"按钮，进入"结算选单"窗口。单击"查询"按钮，打开"查询条件选择"对话框，单击"确定"按钮，将入库单和发票带回结算选单窗口。

③ 选择要结算的采购入库单和采购发票，单击"OK 确定"按钮，返回手工结算窗口，如图 4-28 所示。

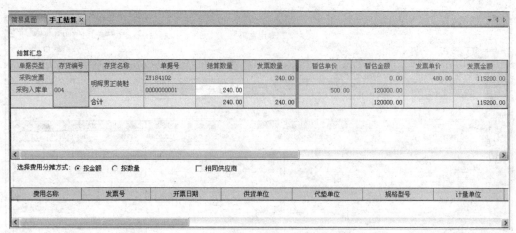

图4-28 手工结算

④ 单击"结算"按钮,系统弹出"完成结算!"信息提示框,单击"确定"按钮返回。

提示:

本例暂估单价与发票单价不同。

(3) 应付单据审核并制单

操作步骤 (微课视频:sy040203.swf)

① 在应付款管理系统中,执行"应付单据处理"|"应付单据审核"命令,打开"应付单查询条件"对话框。

② 选中"包含已现结发票"复选框,单击"确定"按钮,进入"单据处理"窗口。

③ 单击"全选"按钮,单击"审核"按钮,对采购专用发票进行审核。

④ 执行"制单处理"命令,打开"制单查询"对话框。选中"现结制单"复选框,如图4-29所示。

图4-29 选中"现结制单"

⑤ 单击"确定"按钮，进入"制单"窗口。选择凭证类别为"付款凭证"，单击"全选"按钮，单击"制单"按钮，生成付款凭证，如图4-30所示。

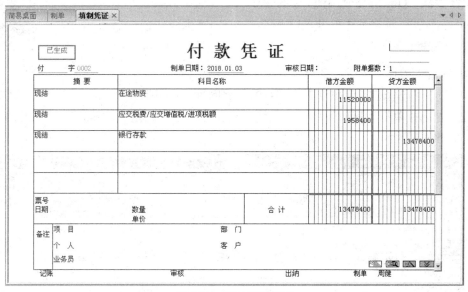

图 4-30 现结发票制单

(4) 结算成本处理

操作步骤 (微课视频: sy040204.swf)

① 在存货核算系统中，执行"业务核算"|"结算成本处理"命令，打开"暂估处理查询"对话框。

② 选中"明辉鞋仓"前的复选框，单击"确定"按钮，进入"结算成本处理"窗口。选中入库单号为0000000001的入库单，如图4-31所示。

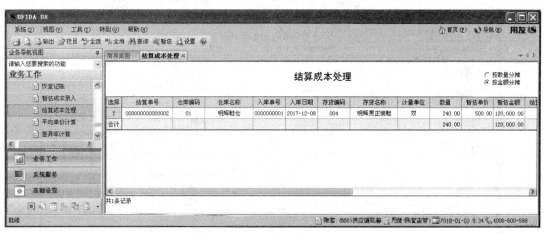

图 4-31 暂估成本处理

③ 单击"暂估"按钮，系统弹出"暂估处理完成。"信息提示框，单击"确定"按钮返回。

(5) 生成冲销上月暂估入账的红字凭证和正式的入库凭证

操作步骤 （微课视频：sy040205.swf）

① 在存货核算系统中，执行"财务核算"|"生成凭证"命令，进入"生成凭证"窗口。

② 单击"选择"按钮，打开"查询条件"对话框。

③ 选中"(24)红字回冲单"和"(30)蓝字回冲单(报销)"复选框，单击"确定"按钮，进入"选择单据"窗口。单击"全选"按钮，单击"确定"按钮，进入"生成凭证"窗口，如图 4-32 所示。

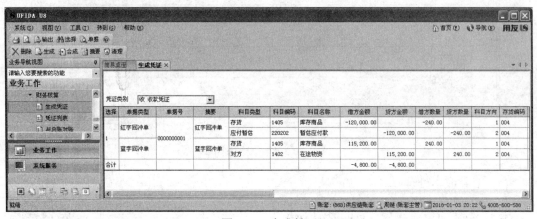

图 4-32 生成凭证

④ 修改凭证类别为"转账凭证"，单击"生成"按钮，生成一张红字凭证，如图 4-33 所示。

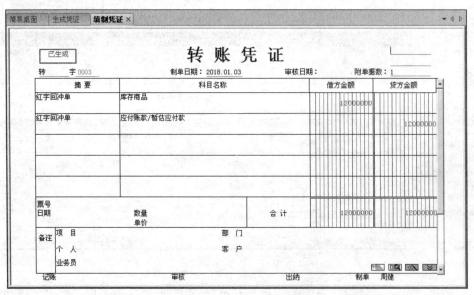

图 4-33 冲销暂估入库的凭证

⑤ 单击"➡"下张凭证按钮，再单击"保存"按钮，生成蓝字回冲单凭证，如图4-34所示。

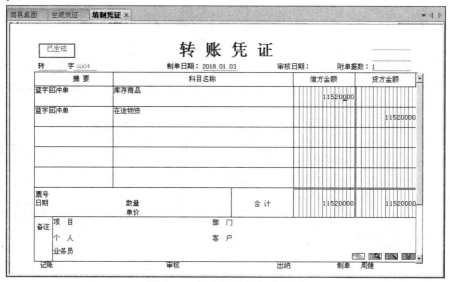

图4-34 蓝字回冲单生成凭证

提示：

红字回冲单凭证上的金额与上月暂估入库金额一致。蓝字回冲单凭证上的金额与发票金额一致。

3. 第3笔采购业务

本笔业务为无订单到货入库的普通采购业务。在采购流程中，请购、订货、到货均为可选环节，只有入库、发票、结算是必需环节。

(1) 在库存管理系统中填制并审核采购入库单

操作步骤 （微课视频：sy040301.swf）

① 在库存管理系统中，执行"入库业务"|"采购入库单"命令，进入"采购入库单"窗口。

② 单击"增加"按钮，手工填制采购入库单，单击"保存"按钮。

③ 单击"审核"按钮，如图4-35所示。

(2) 在采购管理系统中参照采购入库单生成采购专用发票并进行采购结算

操作步骤 （微课视频：sy040302.swf）

① 在采购管理系统中，执行"采购发票"|"专用采购发票"命令，进入"专用发票"窗口。参照采购入库单生成采购专用发票，补充录入发票号，单击"保存"按钮。

② 单击"结算"按钮，完成采购发票和采购入库单的结算。发票左上角出现红色"已结算"标记。

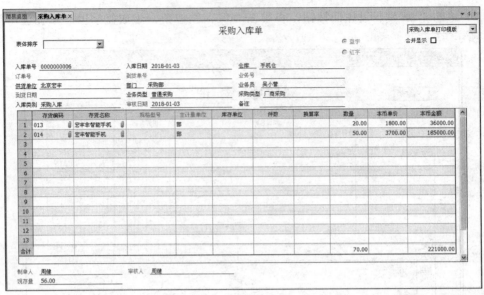

图 4-35 手工填制采购入库单

 提示：

如果采购发票是参照采购入库单生成，可在采购发票界面直接单击"结算"按钮，由系统自动进行结算。

(3) 在存货核算系统中对采购入库单进行记账并生成入库凭证

操作步骤 （微课视频：sy040303.swf）

① 执行"业务核算"|"正常单据记账"命令，对采购入库单进行记账。

② 执行"财务核算"|"生成凭证"命令，对采购入库单生成入库凭证，如图 4-36 所示。

图 4-36 采购入库生成凭证

(4) 在应付款管理系统中审核采购专用发票并生成应付凭证

操作步骤 （微课视频：sy040304.swf）

① 在应付款管理系统中，执行"应付单据处理"|"应付单据审核"命令，对采购专用发票进行审核。

② 执行"制单处理"命令，进行发票制单，生成应付凭证，如图4-37所示。

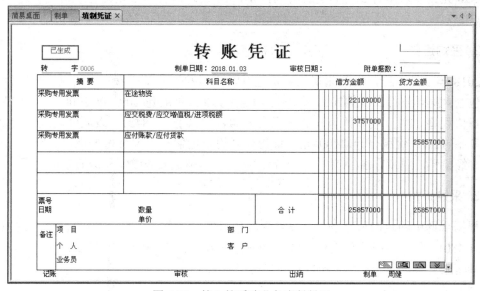

图4-37 第3笔采购业务应付凭证

4. 账套输出

全部完成后，将账套输出至"4-1 普通采购业务"文件夹中。

实验二 采购运费及采购折扣处理

实验准备

已经完成第4章实验一的操作，或者引入"4-1 普通采购业务"账套备份数据。以111操作员(密码为1)的身份进行采购业务处理。

实验内容

- 采购运费处理
- 采购折扣处理

实验资料

1. 采购订货

2018年1月3日,向北京兰宇箱包有限公司订购兰宇女式单肩包20大包(2 000个),单价550元。要求本月5日到货。合同约定,10天之内付清余款优惠4%,20天之内付款优惠2%。

2. 采购运费

2018年1月5日,收到北京兰宇箱包有限公司发来的兰宇女式单肩包和专用发票,入箱包仓。发票号码ZY184201。发票上写明兰宇女式单肩包20大包(2000个),单价550元,增值税率17%。同时附有一张运杂费发票,发票号Y18421,发票载明运输费2000元,税率11%,价税合计2200元。订货合同约定运输费由本公司承担,供应商已代为支付。经检验,质量合格(入兰宇箱包仓),财务部门确认采购成本和该笔应付款项。

3. 采购折扣

根据合同中约定的付款条件,在收货后10日之内付款可以享有4%的折扣(1 287 000*4%=51 480),财务部门只需支付1 235 520元(=1 287 000-51 480)。2018年1月6日,财务部门开具转账支票,向北京兰宇箱包有限公司支付1 235 520元。

实验指导

1. 第1笔采购业务

供应商为了鼓励客户提前付款会允诺在一定期限内给予折扣。该业务在合同中规定了付款条件,可以在U8采购订单中用付款条件来体现。

操作步骤 (微课视频:sy040401.swf)

① 在采购管理系统中,执行"采购订货"|"采购订单"命令,进入"采购订单"窗口。

② 单击"增加"按钮,输入订货信息,注意输入付款条件和计划到货日期,单击"保存"按钮,如图4-38所示。

③ 单击"审核"按钮,审核采购订单。

提示:

此前无请购环节,可以直接录入采购订单。

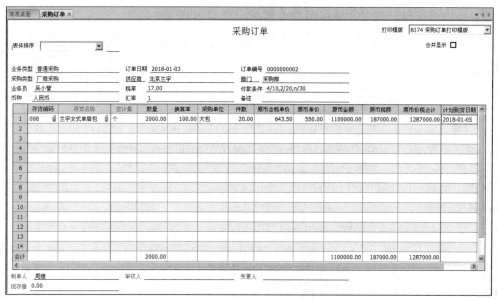

图 4-38　输入带付款条件的采购订单

2. 第 2 笔采购业务

存货的采购成本包括了买价、相关税费和运输费。采购过程中发生的运费可能事先由供应商代垫，也可能由第三方物流公司收取。采购运费要通过采购结算环节计入存货成本。

(1) 根据采购订单生成采购入库单

操作步骤　(微课视频：sy040501.swf)

① 在库存管理系统中，执行"入库业务"|"采购入库单"命令，进入"采购入库单"窗口。

② 单击"生单"按钮旁的下三角按钮打开可选列表，选择"采购订单(蓝字)"，根据采购订单生成采购入库单，仓库选择"02 兰宇箱包仓"，单击"保存"按钮。

③ 单击"审核"按钮，审核采购入库单。

(2) 根据采购入库单生成采购发票　**(微课视频：sy040502.swf)**

在采购管理系统中，根据采购入库单生成采购专用发票，修改发票号为"ZY184201"。单击"保存"按钮。

(3) 录入运费采购专用发票

U8 系统中设有运费发票，默认运输费是 7%税率，且为价内税。在"营改增"完成之后，交通运输行业一般纳税人执行 11%税率，因此建议在存货档案中单独设置存货"运输费"，用采购专用发票处理运费业务。

操作步骤　(微课视频：sy040503.swf)

① 在专用发票界面，单击"增加"按钮，输入发票号"Y18421"。选择存货"运输费 11"，输入原币金额"2000"，系统自动带出税率计算税额及价税合计。

② 单击"保存"按钮,保存运费发票,如图4-39所示。

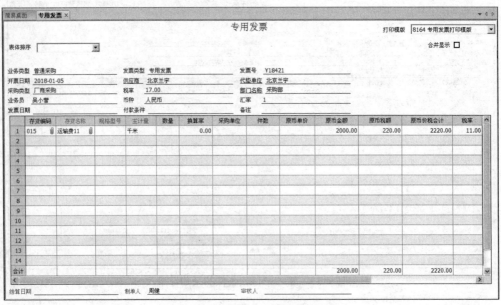

图4-39 利用专用发票处理运费

(4) 进行手工采购结算

操作步骤 (微课视频: sy040504.swf)

① 在采购管理系统中,执行"采购结算"|"手工结算"命令,进入"手工结算"窗口。

② 单击"选单"按钮,进入"结算选单"窗口。

③ 单击"查询"按钮,打开"查询条件选择"对话框。单击"确定"按钮返回未结算的入库单和发票。

④ 选择本次要结算的采购入库单、货物采购专用发票和运费采购专用发票,如图4-40所示。

图4-40 手工结算选单

⑤ 单击“OK 确定”按钮，返回“手工结算”窗口，如图 4-41 所示。

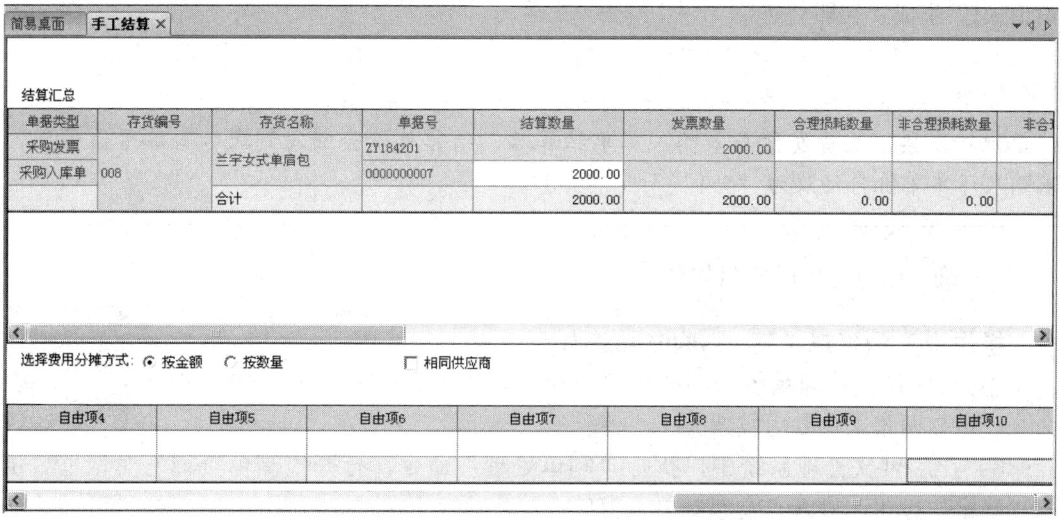

单据类型	存货编号	存货名称	单据号	结算数量	发票数量	合理损耗数量	非合理损耗数量	非合
采购发票		兰宇女式单肩包	ZY184201		2000.00			
采购入库单	008		0000000007	2000.00				
		合计		2000.00	2000.00	0.00	0.00	

自由项4	自由项5	自由项6	自由项7	自由项8	自由项9	自由项10

图 4-41　运费计入采购成本

⑥ 选择“按数量”单选按钮，单击“分摊”按钮，系统弹出“选择按数量分摊，是否开始计算？”信息提示框，单击“是”按钮，费用分摊完毕，单击“确定”按钮返回。

⑦ 单击“结算”按钮，系统弹出信息提示，单击“是”按钮，系统弹出“完成结算！”信息提示框。单击“确定”按钮，完成采购入库单、采购发票和运费发票之间的结算。

⑧ 执行“采购结算”|“结算单列表”命令，进入“结算单列表”窗口。结算单价为“551”元，暂估单价为“550”元，即为分摊运费后的单价，如图 4-42 所示。

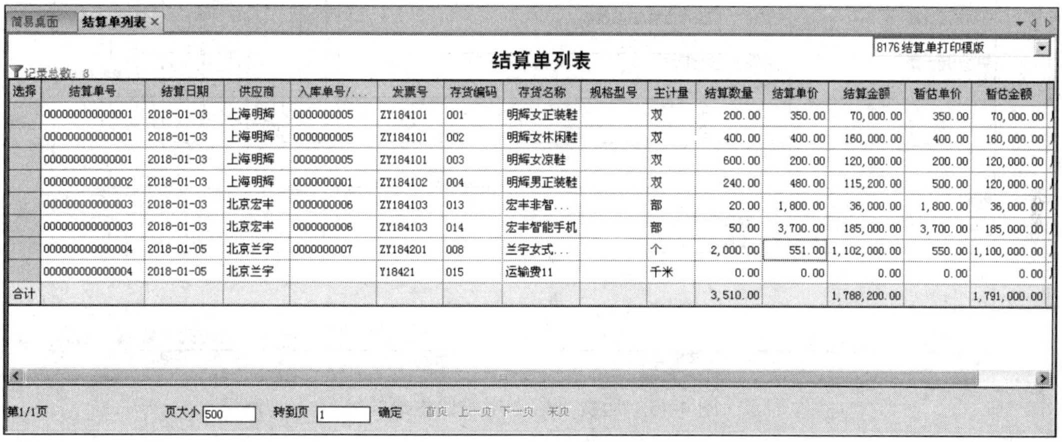

选择	结算单号	结算日期	供应商	入库单号/...	发票号	存货编码	存货名称	规格型号	主计量	结算数量	结算单价	结算金额	暂估单价	暂估金额
	000000000000001	2018-01-03	上海明辉	0000000005	ZY184101	001	明辉女正装鞋		双	200.00	350.00	70,000.00	350.00	70,000.00
	000000000000001	2018-01-03	上海明辉	0000000005	ZY184101	002	明辉女休闲鞋		双	400.00	400.00	160,000.00	400.00	160,000.00
	000000000000001	2018-01-03	上海明辉	0000000005	ZY184101	003	明辉女凉鞋		双	600.00	200.00	120,000.00	200.00	120,000.00
	000000000000002	2018-01-03	上海明辉	0000000001	ZY184102	004	明辉男正装鞋		双	240.00	480.00	115,200.00	500.00	120,000.00
	000000000000003	2018-01-03	北京宏丰	0000000006	ZY184103	013	宏丰非智...		部	20.00	1,800.00	36,000.00	1,800.00	36,000.00
	000000000000003	2018-01-03	北京宏丰	0000000006	ZY184103	014	宏丰智能手机		部	50.00	3,700.00	185,000.00	3,700.00	185,000.00
	000000000000004	2018-01-05	北京兰宇	0000000007	ZY184201	008	兰宇女式...		个	2,000.00	551.00	1,102,000.00	550.00	1,100,000.00
	000000000000004	2018-01-05	北京兰宇		Y18421	015	运输费11		千米	0.00	0.00	0.00	0.00	0.00
合计										3,510.00		1,788,200.00		1,791,000.00

图 4-42　查看结算单价

(5) 入库单记账并生成入库凭证

操作步骤　(微课视频：sy040505.swf)

① 在存货核算系统中，执行“业务核算”|“正常单据记账”命令，对采购入库单进行记账处理。

② 在存货核算系统中，执行"财务核算"|"生成凭证"命令，对"采购入库单(报销记账)"生成"转账凭证"。

提示：

货物发票、运费发票与采购入库单结算后，结算单价会回写到采购入库单。因此，采购入库单单价自动改为"551"而非"550"。

(6) 确认应付并生成应付凭证

操作步骤 （微课视频：sy040506.swf）

① 在应付款管理系统中，执行"应付单据处理"|"应付单据审核"命令，审核两张采购专用发票。

② 在应付款管理系统中，执行"制单处理"命令，打开"制单查询"对话框。单击"确定"按钮，进入"发票制单"窗口。

③ 修改凭证类别为"转账凭证"，再单击"制单"按钮，根据采购发票和运费发票分别生成两张转账凭证。

④ 单击"保存"按钮。运费采购专用发票生成的凭证如图4-43所示。

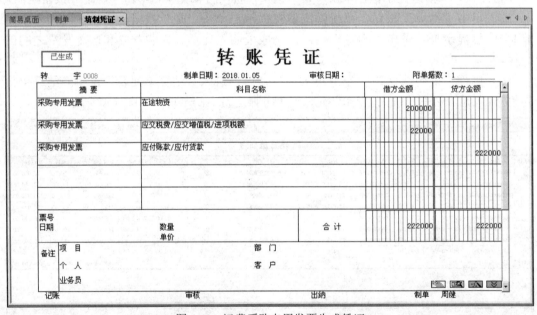

图4-43 运费采购专用发票生成凭证

3. 第3笔采购业务

操作步骤 （微课视频：sy040601.swf）

① 在应付款管理系统中，执行"付款单据处理"|"付款单据录入"命令，录入付款单并保存。

② 单击"审核"按钮，审核付款单并制单生成付款凭证。

③ 在"收付款单"录入窗口中，单击"核销"按钮，打开"核销条件"对话框，单击"确定"按钮，进入"单据核销"窗口。

④ 在窗口下方采购专用发票可享受折扣中显示按当前日期付款按照付款条件可享受的折扣。在本次折扣栏中输入"51 480"，在本次结算栏中输入"1 235 520"，如图 4-44 所示。

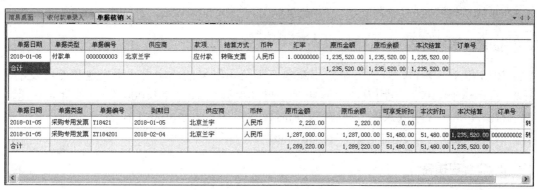

图 4-44 采购折扣处理

⑤ 单击"保存"按钮，核销完成。本次付款金额完全核销应付货款金额。代垫运费未付。

4. 账套输出

全部完成后，将账套输出至"4-2 采购运费与采购折扣处理"。

实验三　采购溢余短缺处理

📢 实验准备

已经完成第 4 章实验二的操作，或者引入"4-2 采购运费与采购折扣处理"账套备份数据。以 111 操作员(密码为 1)的身份进行采购业务处理。

🎬 实验内容

- 预付货款及核销处理
- 合理损耗处理
- 非合理损耗处理

实验资料

1. 预付订金

2018年1月6日，向北京兰宇箱包有限公司订购兰宇男式手提包1000个，单价850元。合同约定到货日期为1月8日，对方要求预付货款50%。

同日，财务部开具转账支票，票号Z18401，支付50%货款，计497 250元。

2. 合理损耗

2018年1月8日，收到北京兰宇箱包有限公司发来的兰宇男式手提包和专用发票，发票号码ZY184302。专用发票上写明兰宇男式手提包10大包(1000个)，单价850元，增值税率17%。在验收入库(兰宇箱包仓)时发现损坏1大包(100个)，属于合理损耗。本公司确认后立即付款50%(电汇DH00887666)。

3. 非合理损耗

2018年1月8日，收到2017年12月18日暂估业务的专用发票，发票号ZY184303。发票上载明明辉女正装鞋105双，单价350元，短缺的5双为非合理损耗。已查明属于运输部门责任，运输部门同意赔偿2 047.5元(尚未收到)。

实验指导

1. 第1笔采购业务

本笔业务为预付订金的采购业务。

(1) 录入采购订单　　**(微课视频：sy040701.swf)**

在采购管理系统中，执行"采购订货"|"采购订单"命令，录入采购订单并审核。

(2) 录入付款单预付货款

操作步骤　　**(微课视频：sy040702.swf)**

① 在应付款管理系统中，执行"付款单据处理"|"付款单据录入"命令，进入"付款单"窗口。

② 录入付款单各项信息，注意表体中"款项类型"一栏选择"预付款"，如图4-45所示。

③ 单击"审核"按钮，立即制单，生成付款凭证，如图4-46所示。

提示：

预付款未来可以用作核销应付货款。

图 4-45 预付订金

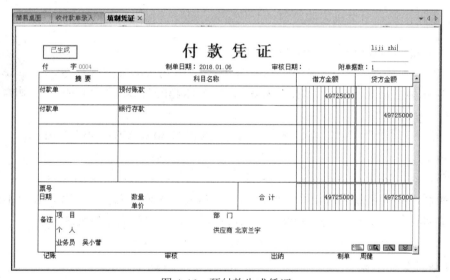

图 4-46 预付款生成凭证

2. 第 2 笔采购业务

(1) 根据采购订单生成采购入库单

操作步骤 （微课视频：sy040801.swf）

① 在库存管理系统中，执行"入库业务"|"采购入库单"命令，进入"采购入库单"窗口。

② 单击"生单"按钮，根据采购订单生成采购入库单。选择"02 兰宇箱包仓"，修改表体中"数量"为 900，保存并审核，如图 4-47 所示。

图4-47 修改采购入库单数量

(2) 根据采购订单生成采购发票

操作步骤 (微课视频：sy040802.swf)

① 在采购管理系统中，执行"采购发票"|"专用采购发票"命令，根据采购订单生成采购发票，录入发票号"ZY184302"，单击"保存"按钮。

② 单击"现付"按钮，支付剩余50%的款项(994 500×50% = 497 250)。

提示：

采购发票可以参照采购订单生成，也可以参照入库单生成。本例订单数量1000个，入库数量900个，应开票数量1000个，因此参照采购订单生成采购发票。

(3) 进行采购结算

操作步骤 (微课视频：sy040803.swf)

① 在采购管理系统中，执行"采购结算"|"手工结算"命令，进入"手工结算"窗口。

② 单击"选单"按钮，再单击"查询"按钮，单击"确定"按钮，选择要进行结算的入库单和发票，最后单击"OK确定"按钮返回手工结算窗口。

③ 在采购发票"合理损耗数量"一栏输入100，如图4-48所示。

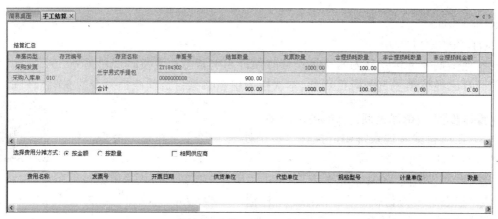

图 4-48　输入合理损耗数量

④ 单击"结算"按钮，完成结算。

⑤ 执行"采购结算"|"结算单列表"命令，可以查看到兰宇男式手提包的结算单价为 944.44 元。

> **提示：**
>
> - 如果采购入库数量小于发票数量，属于损耗，可以根据损耗原因在采购手工结算时，在相应栏内输入损耗数量，进行采购结算。
> - 如果采购入库数量大于发票数量，则应该在相应损耗数量栏内输入负数量，系统将入库数量大于发票的数量视为赠品，不计算金额，降低入库存货的采购成本。
> - 如果入库数量+合理损耗+非合理损耗等项目不等于发票数量，则系统提示不能结算。
> - 如果针对一张入库单进行分批结算，则需要手工修改结算数量，并按发票数量进行结算，否则系统会提示"入库数量+合理损耗+非合理损耗不等于发票数量，不能结算"。

(4) 入库记账并生成入库凭证　**(微课视频：sy040804.swf)**

在存货核算系统中，执行"业务核算"|"正常单据记账"命令，将本次入库记入存货相关账簿。

在存货核算系统中，执行"财务核算"|"生成凭证"命令，生成入库凭证。

(5) 应付单据审核　**(微课视频：sy040805.swf)**

在应付款系统中，执行"应付单据处理"|"应付单据审核"命令，对已现结发票进行审核。

(6) 生成现结凭证　**(微课视频：sy040806.swf)**

在应付款系统中，执行"制单处理"命令，打开"制单查询"对话框。选择"现结制单"复选框，单击"确定"按钮，进入"现结制单"窗口，

生成现结凭证。

(7) 核销应付

本笔采购业务付款分为两次,收货前预付50%货款,收货时现付另外50%货款。现付的同时已经核销了50%应付货款。本次核销用50%预付货款核销剩余的50%应付货款。

操作步骤 (微课视频:sy040807.swf)

① 在应付款管理系统中,执行"核销处理"|"手工核销"命令,打开"核销条件"对话框。

② 选择供应商"002北京兰宇",单击"确定"按钮,进入"单据核销"窗口。

③ 在窗口上方付款单"本次结算"栏输入"497 250";在窗口下方对应采购专用发票"本次结算"栏同样输入"497 250",如图4-49所示。

单据日期	单据类型	单据编号	供应商	款项	结算方式	币种	汇率	原币金额	原币余额	本次结算	订单号
2018-01-06	付款单	0000000004	北京兰宇	预付款	转账支票	人民币	1.00000000	497,250.00	497,250.00	497,250.00	
合计									497,250.00	497,250.00	497,250.00

单据日期	单据类型	单据编号	到期日	供应商	币种	原币金额	原币余额	可享受折扣	本次折扣	本次结算	订单号	凭证号
2018-01-05	采购专用发票	Y18421	2018-01-05	北京兰宇	人民币	2,220.00	2,220.00	0.00				转-0008
2018-01-08	采购专用发票	ZY184302	2018-01-08	北京兰宇	人民币	994,500.00	497,250.00	0.00	0.00	497,250.00	0000000003	付-0005
合计						996,720.00	499,470.00	0.00		497,250.00		

图4-49 用预付货款核销应付货款

④ 单击"保存"按钮,核销完成。

3. 第3笔采购业务

本笔业务属于上年12月末的暂估业务,本月需要输入(拷贝生成)采购发票,执行采购结算,进行暂估处理,确认采购成本。

(1) 录入采购发票

操作步骤 (微课视频:sy040901.swf)

① 在采购管理系统中,执行"采购发票"|"专用采购发票"命令,进入"专用发票"窗口。

② 单击"增加"按钮,输入采购发票各项信息,注意发票上的数量为105。单击"保存"按钮。

(2) 进行采购结算

操作步骤 (微课视频:sy040902.swf)

① 在采购管理系统中,执行"采购结算"|"手工结算"命令,进入"手工结算"窗口。

② 单击"选单"按钮,进入"结算选单"窗口。单击"查询"按钮,打开"查询条件选择"对话框,单击"确定"按钮,将入库单和发票带回结算选单窗口。

③ 选择相应的采购入库单和采购发票，单击"OK 确定"按钮，返回手工结算窗口。

④ 在发票的"非合理损耗数量"栏输入"5.00"，"非合理损耗金额"栏输入"1750.00"，"非合理损耗类型"选择"01 运输部门责任"，"进项税额转出"为 297.5(5*350*0.17)，如图 4-50 所示。

图 4-50 非合理损耗结算

⑤ 单击"结算"按钮，系统弹出"完成结算！"信息提示框，单击"确定"按钮返回。

提示：

- 采购溢缺处理需要分清溢缺原因和类型，并分别进行处理。
- 如果为非合理损耗，需要在采购管理系统中设置非合理损耗的类型，否则，不能结算。
- 采购溢缺的结算只能采用手工结算。
- 只有"发票数量 = 结算数量 + 合理损耗数量 + 非合理损耗数量"，该条入库单记录与发票记录才能进行采购结算。
- 如果入库数量大于发票数量，则在选择发票时，在发票的附加栏"合理损耗数量""非合理损耗数量""非合理损耗金额"中输入溢余数量和溢余金额，数量、金额为负数。系统将多余数量按赠品处理，只是降低了入库货物的单价，与企业的分批结算概念不同。
- 如果入库数量小于发票数量，则在选择发票时，在发票的附加栏"合理损耗数量""非合理损耗数量""非合理损耗金额"中输入短缺数量、短缺金额，数量、金额为正数。
- 如果是非合理损耗，应该转出进项税额。
- 本月对上月暂估业务执行采购结算后，还需要在存货核算系统中记账后，执行结算成本处理(具体处理方法见存货核算相关业务处理)。

(3) 结算成本处理

操作步骤 （微课视频：sy040903.swf）

① 在存货核算系统中，执行"业务核算"|"结算成本处理"命令，

打开"暂估处理查询"对话框。

② 选中"明辉鞋仓"前的复选框,单击"确定"按钮,进入"结算成本处理"窗口。

③ 选中入库单号为0000000002的入库单,单击"暂估"按钮,系统弹出"暂估处理完成"信息提示框,单击"确定"按钮。

(4) 应付单据审核 (微课视频:sy040904.swf)

在应付款管理系统中,执行"应付单据处理"|"应付单据审核"命令,对采购专用发票进行审核。

(5) 生成冲销暂估入账业务的凭证

操作步骤 (微课视频:sy040905.swf)

① 在存货核算系统中,执行"财务核算"|"生成凭证"命令,进入"生成凭证"窗口。

② 单击"选择"按钮,打开"查询条件"对话框。

③ 选中"(24)红字回冲单"复选框,单击"确定"按钮,进入"选择单据"窗口。选中要生成凭证的单据,单击"确定"按钮,进入"生成凭证"窗口。

④ 修改凭证类别为"转账凭证",单击"生成"按钮,生成一张红字凭证。

借:库存商品　　-35 000
　　贷:应付账款/暂估应付款　-35 000

(6) 生成正式入库凭证

操作步骤 (微课视频:sy040906.swf)

① 在存货核算系统中,执行"财务核算"|"生成凭证"命令,进入"生成凭证"窗口。

② 单击"选择"按钮,打开"查询条件"对话框。选中"(30)蓝字回冲单"复选框,单击"确定"按钮,进入"选择单据"窗口。

③ 选中左上角"已结算采购入库单自动选择全部结算单上单据(包括入库单、发票、付款单),非本月采购入库单按蓝字报销单制单"选项,单击"全选"按钮选择要生成凭证的单据,如图4-51所示。

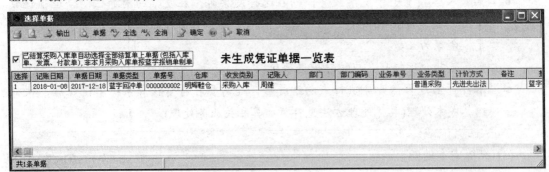

图4-51　选择结算单制单

④ 单击"确定"按钮，进入"生成凭证"窗口。选择"转账凭证"，录入科目等相关信息(22210103 进项税额转出，190101 待处理流动资产损溢)，如图 4-52 所示。

选择	单据类型	单据号	摘要	科目类型	科目编码	科目名称	借方金额	贷方金额	借方数量	贷方数量	科目方向	存货编码	存货名称
1	采购结算单	000000000000006	采购结算单	存货	1405	库存商品	35,000.00		100.00		1	001	明辉女正装鞋
				进项税转出	22210103	进项税额转出	−297.50		5.00		1	001	明辉女正装鞋
				税金	22210101	进项税额	6,247.50		105.00		1	001	明辉女正装鞋
				损耗	190101	待处理流动资产损溢	2,047.50		5.00		1	001	明辉女正装鞋
				应付	220201	应付货款		42,997.50		105.00	2	001	明辉女正装鞋
合计							42,997.50	42,997.50					

图 4-52 非合理损耗结算信息

提示：

进项税额转出科目可以提前在存货核算系统"初始设置"|"科目设置"|"税金科目"中进行设置。

⑤ 单击"生成"按钮，生成一张转账凭证。单击"保存"按钮，如图 4-53 所示。

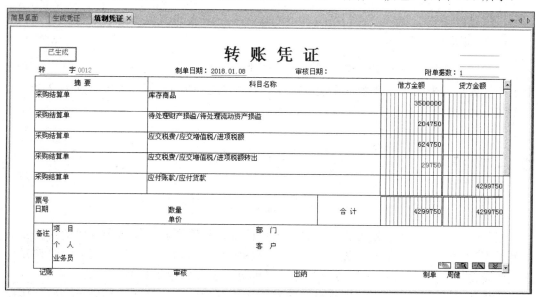

图 4-53 非合理损耗生成凭证

4. 账套输出

全部完成后，将账套输出至"4-3 采购溢余短缺处理"

实验四　受托代销业务

📢 实验准备

已经完成第 4 章实验三的操作，或者引入"4-3 采购溢余短缺处理"账套备份数据。以 111 操作员(密码为 1)的身份进行受托代销业务处理。

🎬 实验内容

- 受托代销结算
- 受托代销收货

📚 实验资料

1. 受托代销结算

2018 年 1 月 10 日，代上海伊梦电子科技公司代销伊梦非智能手机 10 部，智能手机 8 部，结算并收到普通发票，发票号 PT00055，结算单价分别为 2 000 元和 3 500 元。

2. 受托代销发货

本公司受托代销上海伊梦电子科技公司的手机。2018 年 1 月 10 日，收到上海伊梦电子科技公司发来的伊梦非智能手机 20 部，伊梦智能手机 15 部，单价分别为 2 000 元和 3 500 元。

💻 实验指导

1. 第 1 笔委托代销业务

受托代销业务是一种先销售后结算的采购模式。其他企业委托本企业代销其商品，但商品所有权仍然归委托方，代销商品售出后，本企业与委托方进行结算，由对方开具正式的发票，商品所有权转移。受托代销业务的处理流程如图 4-54 所示。

本实验第 1 笔业务是进行上月受托代销入库业务的结算；第 2 笔是发生新的受托代销入库业务。

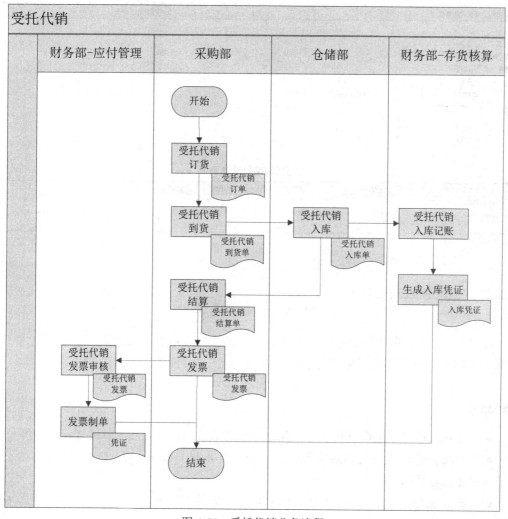

图 4-54 受托代销业务流程

(1) 受托代销结算

操作步骤 （微课视频：sy041001.swf）

① 在采购管理系统中，执行"采购结算"|"受托代销结算"命令，打开"查询条件选择"对话框。

② 选择供应商"003 上海伊梦电子科技公司"，单击"确定"按钮，进入"受托代销结算"窗口。单击"全选"按钮，选中要结算的入库单记录。

③ 修改发票日期和结算日期均为 2018-01-10，发票类型选择"普通发票"，发票号中输入"PT00055"，采购类型选择"代销采购"；再拖动窗口下方的左右滚动条，分别修改"原币含税单价"为"2 000"和"3 500"，税率为"0.00"，如图 4-55 所示。

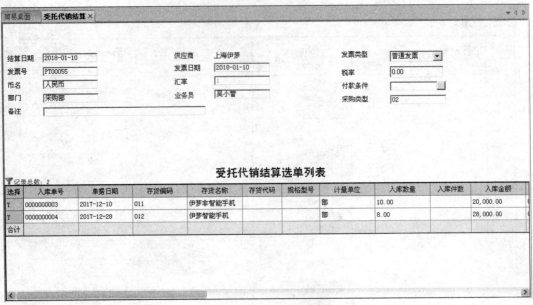

图 4-55 受托代销结算

④ 单击"结算"按钮,系统进行结算,自动生成受托代销发票、受托代销结算单,并弹出"结算完成!"信息提示对话框。单击"确定"按钮返回。

提示:
- 受托代销结算是企业销售委托代销单位的商品后,与委托单位办理付款结算。
- 受托方销售代销商品后根据受托代销入库单进行结算,也可以在取得委托人的发票后再结算。
- 结算表中存货、入库数量、入库金额、已结算数量、已结算金额等信息不能修改。
- 结算表中的结算数量、含税单价、价税合计、税额等信息可以修改。

(2) 应付单据审核及制单

操作步骤 (微课视频: sy041002.swf)

① 在应付款系统中,执行"应付单据处理"|"应付单据审核"命令,对以上采购普通发票进行审核。

② 执行"制单处理"命令,对发票进行制单并保存,如图 4-56 所示。

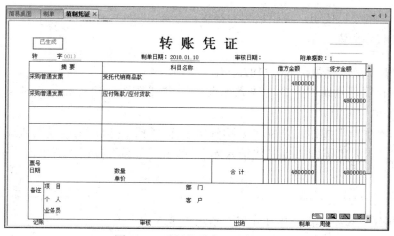

图 4-56 受托代销商品结算凭证

2. 第 2 笔委托代销业务

收到委托人发来的代销商品时,应该及时办理受托代销商品入库手续,也可以先办理到货手续,再根据到货单生成受托代销入库单。

(1) 委托代销收货

操作步骤 (微课视频:sy041101.swf)

① 在采购管理系统中,执行"采购到货"|"到货单"命令,进入"到货单"窗口。

② 单击"增加"按钮,业务类型选择"受托代销",采购类型选择"代销采购"。继续录入"到货单"的其他信息。

③ 单击"保存"按钮,如图 4-57 所示。

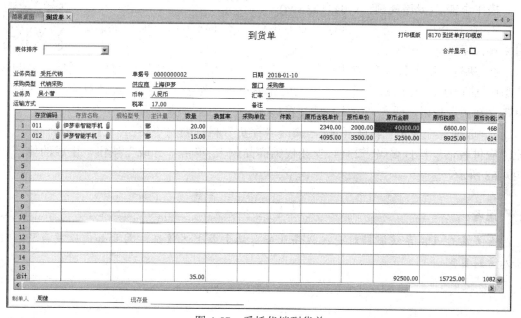

图 4-57 受托代销到货单

④ 单击"审核"按钮，审核采购到货单。
(2) 受托代销入库

操作步骤 （微课视频：sy041102.swf）

① 在库存管理系统中，执行"入库业务"|"采购入库单"命令，进入"采购入库单"窗口。

② 单击"生单"按钮，选择"采购到货单(蓝字)"选项，生成采购入库单。选择仓库"代销仓"、入库类别"受托代销入库"。单击"保存"按钮，再单击"审核"按钮。

提示：

- 受托代销入库单在"库存管理"系统中录入。
- 受托代销入库单的业务类型为"受托代销"。
- 受托代销入库单可以手工录入，也可以参照订单生成。但是如果在采购选项中选择了"受托代销业务必有订单"，则受托代销业务到货单、受托代销入库单都不能手工录入，只能参照采购计划、采购请购单或采购订单生成。
- 手工或参照录入时，只能针对"受托代销"属性的存货，其他属性的存货不能显示。
- 受托代销的商品必须在售出后才能与委托单位办理结算。
- 受托代销入库单可以通过执行"采购入库"|"受托代销入库单"命令或"采购入库"|"入库单列表"命令实现查询。

(3) 受托代销记账并生成凭证

操作步骤 （微课视频：sy041103.swf）

① 在存货核算系统中，执行"业务核算"|"正常单据记账"命令，对采购入库单进行记账。

② 执行"财务核算"|"生成凭证"命令，进入"生成凭证"窗口。选择"采购入库单(暂估记账)"复选框，进入"未生成凭证单据一览表"窗口，选择对应的入库单，单击"确认"按钮，回到"生成凭证"窗口。

③ 选择凭证类别"转账凭证"，修改"存货"科目编码"1321 受托代销商品"，补充"应付暂估"科目编码"2314 受托代销商品款"，单击"合成"按钮，生成的凭证如图 4-58 所示。

思考：

如果希望 U8 系统能针对受托代销业务自动生成上述凭证，需要如何设置存货科目和对方科目？

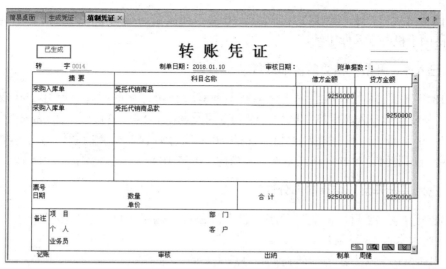

图 4-58　代销商品入库凭证

3. 账套输出

全部完成后，将账套输出至 "4-4 受托代销入库"中。

实验五　采购退货业务

实验准备

已经完成第 4 章实验四的操作，或者引入 "4-4 受托代销入库"账套备份数据。以 111 操作员(密码为 1)的身份进行采购退货业务处理。

实验内容

- 入库前退货
- 入库后结算前退货
- 结算后退货

实验资料

1. 办理入库前部分退货

2018 年 1 月 10 日，收到北京宏丰电子科技公司发来的宏丰智能手机 50 部，单价 3700 元。

2018年1月11日，验收入库时发现10部存在质量问题，与对方协商，退货10部，验收合格的手机办理入库手续。

2. 已入库、开票，结算前全部退货

2018年1月11日，收到向上海明辉鞋业有限公司订购的明辉女凉鞋200双，单价200元，办理到货及入库手续。同日，收到专用发票(ZY1845201)一张，但尚未结算。

2018年1月12日，发现11日入库的10双女凉鞋存在质量问题，与对方协商，该批女凉鞋全部退回。对方开具红字专用发票(ZY1845202)。

3. 已入库未开票，结算前部分退货

2018年1月12日，向北京兰宇箱包有限公司订购了500个兰宇女士钱包，单价为120元，要求本月13日到货。

13日，500个女士钱包全部到货并办理了验收入库手续。

15日，发现20个钱包有质量问题，经协商，对方同意退货。

15日，对方按实际入库数量480开具采购专用发票一张，发票号为ZY184301。进行采购结算。

4. 采购结算后退货

2018年1月15日，发现本月3日入库的2部宏丰非智能手机(单价1800元)、5部宏丰智能手机(单价3700元)存在质量问题，要求退货。经与北京宏丰电子科技公司协商，对方同意退货并开具红字专用发票一张，发票号ZY184401。

实验指导

1. 第1笔采购退货业务

本笔属于入库前部分退货业务。到货后入库前发现问题，需要开具采购退货单，并根据实际入库数量输入采购入库单。待收到对方按实际验收数量开具的发票后，按正常业务办理采购结算即可。

(1) 采购订货

操作步骤 （微课视频：sy041201.swf）

① 在采购管理系统中，执行"采购到货"|"到货单"命令，进入到货单窗口。

② 单击"增加"按钮，根据业务信息手工填制采购到货单并审核。

(2) 采购退货

操作步骤 （微课视频：sy041202.swf）

① 在采购管理系统中，执行"采购到货"|"采购退货单"命令，进入"采购退货单"窗口。

② 单击"增加"按钮，填制采购退货单，数量-10，保存并审核，如图4-59所示。

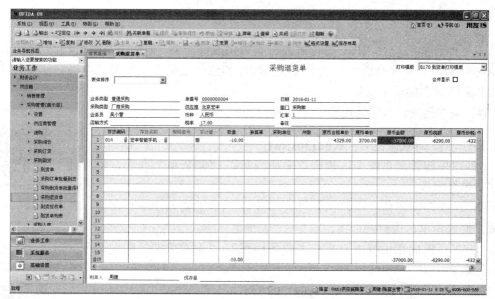

图 4-59 采购退货单

(3) 采购入库

操作步骤 (微课视频：sy041203.swf)

① 在库存管理系统中，执行"入库业务"|"采购入库单"命令，进入"采购入库单"窗口。

② 单击"生单"按钮，选择"采购到货单(蓝字)"。打开"查询条件选择"对话框，单击"确定"按钮，进入"到货单生单列表"窗口。

③ 选择要参照的到货单，单击"OK确定"按钮返回入库单。选择入库仓库"手机仓"，将入库数量修改为40。

④ 保存并审核采购入库单，如图 4-60 所示。

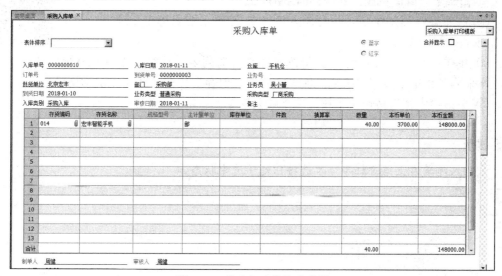

图 4-60 修改入库单入库数量

2. 第2笔采购退货业务

本笔业务属于货已入库、已记账并已收到供应商发票，但尚未办理采购结算的情况。退货时需要填制采购退货单、红字采购入库单和红字采购专用发票，并进行红蓝入库单和红蓝采购发票的手工结算。

(1) 采购到货、入库并记账

操作步骤 （微课视频：sy041301.swf）

① 在采购管理系统中，执行"采购到货"|"到货单"命令，输入采购到货单并审核。

② 在库存管理系统中，执行"入库业务"|"采购入库单"命令，参照采购到货单生成采购入库单，保存并审核。

③ 在存货核算系统中，执行"业务核算"|"正常单据记账"命令，对采购入库单进行记账。

(2) 采购发票 （微课视频：sy041302.swf）

在采购管理系统中，执行"采购发票"|"专用采购发票"命令，参照采购入库单生成采购专用发票，补充录入发票号，保存。

(3) 退货处理

操作步骤 （微课视频：sy041303.swf）

① 在采购管理系统中，执行"采购到货"|"采购退货单"命令，进入"采购退货单"窗口。

② 单击"增加"按钮，单击"生单"旁的下三角按钮打开可选列表，选择"到货单"，参照到货单生成采购退货单，保存并审核。

(4) 退库处理

操作步骤 （微课视频：sy041304.swf）

① 在库存管理系统中，执行"入库业务"|"采购入库单"命令，进入采购入库单窗口。

② 单击"生单"按钮旁下三角按钮打开可选列表，选择"采购到货单(红字)"，参照红字采购到货单生成红字采购入库单，单击"保存"按钮，如图4-61所示。

③ 单击"审核"按钮，审核红字采购入库单。

提示：
采购入库单右上角"红字"单选按钮处于选中状态。

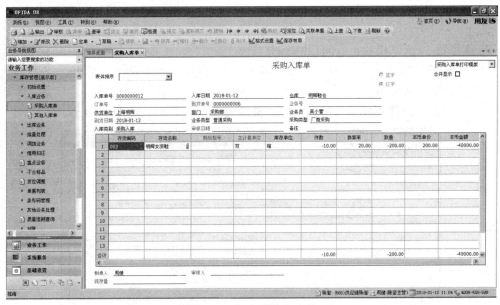

图 4-61　红字采购入库单

(5) 退货发票

操作步骤　(微课视频：sy041305.swf)

① 在采购管理系统中，执行"采购发票"|"红字专用采购发票"命令，进入红字专用发票窗口。

② 单击"增加"按钮，单击"生单"旁下三角按钮打开可选列表，选择"采购发票"，参照本笔业务采购专用发票生成红字专用采购发票。补充录入发票号，保存，如图 4-62 所示。

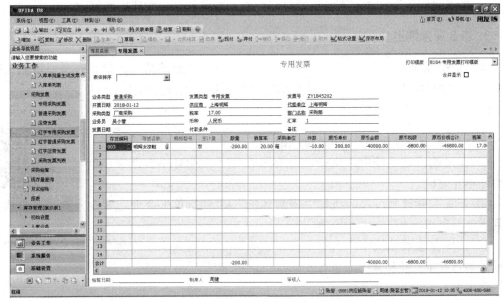

图 4-62　红字采购专用发票

(6) 采购结算

操作步骤 （微课视频：sy041306.swf）

① 在采购管理系统中，执行"采购结算"|"自动结算"命令，打开"查询条件选择"对话框。

② 结算模式选择"红蓝入库单"和"红蓝发票"复选框，如图 4-63 所示。

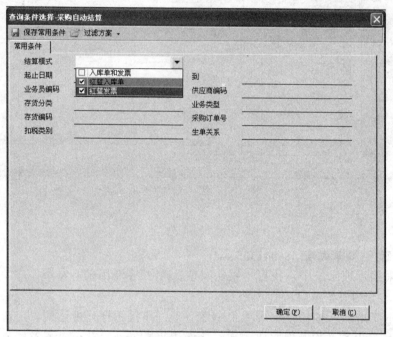

图 4-63　选择结算模式

③ 单击"确定"按钮，系统自动完成红蓝入库单和红蓝发票的结算。

3. 第 3 笔采购退货业务

本笔业务属于货已入库、已记账但未收到供应商发票的情况。退货时需要填制采购退货单和红字采购入库单，按实际入库数量填制采购发票并进行手工结算。

(1) 采购订货、到货和入库

操作步骤 （微课视频：sy041401.swf）

① 在采购管理系统中，执行"采购订货"|"采购订单"命令，填制采购订单并审核。

② 在采购管理系统中，执行"采购到货"|"到货单"命令，参照采购订单生成采购到货单并审核。

③ 在库存管理系统中，执行"入库业务"|"采购入库单"命令，参照采购到货单生成采购入库单并审核。

(2) 采购退货

操作步骤 (微课视频：sy041402.swf)

① 在采购管理系统中，执行"采购到货"|"采购退货单"命令，参照到货单生成采购退货单，退货数量修改为"-20"，保存并审核。

② 在库存系统中，执行"入库业务"|"采购入库单"命令，参照红字采购到货单生成红字采购入库单，补充录入仓库，保存并审核。

(3) 采购发票 (微课视频：sy041403.swf)

15日，在采购管理系统中，执行"采购发票"|"专用采购发票"命令。参照采购入库单生成专用采购发票，修改发票号为ZY184301，数量480，保存。

(4) 采购结算

操作步骤 (微课视频：sy041404.swf)

① 在采购管理系统中，执行"采购结算"|"手工结算"命令，进入"手工结算"窗口。

② 单击"选单"按钮，进入"选单结算"窗口。单击"查询"按钮，打开"查询条件选择"对话框。单击"确定"按钮，返回"选单结算"窗口。

③ 选择红字采购入库单与原采购入库单和采购发票，如图4-64所示。

图4-64 部分退货手工结算

④ 单击"OK确定"按钮，返回"手工结算"窗口。

⑤ 单击"结算"按钮，完成采购发票与红蓝入库单的结算。

4. 第4笔采购退货业务

本笔业务属于已经办理结算手续的采购退货业务，需要输入采购退货单、红字采购入库单和红字采购发票，并进行手工结算。

(1) 采购退货 (微课视频：sy041501.swf)

在采购管理系统中，执行"采购到货"|"采购退货单"命令，填制采购退货单，保存并审核。

(2) 退库处理　**(微课视频：sy041502.swf)**

在库存管理系统中，执行"入库业务"|"采购入库单"命令。单击"生单"按钮，选择"采购到货单(红字)"生单，生成采购入库单并审核。

(3) 退货发票　**(微课视频：sy041503.swf)**

在采购管理系统中，执行"采购发票"|"红字专用采购发票"命令，单击"增加"按钮，参照红字采购入库单生成红字专用采购发票。

(4) 采购结算　**(微课视频：sy041504.swf)**

在采购管理系统中，执行"采购结算"|"手工结算"命令，对红字入库单和红字发票执行采购结算。

5. 账套输出

全部完成后，将账套输出至"4-5 采购退货业务"文件夹中。

第 5 章 销售管理

功能概述

用友 U8 销售管理系统主要提供对企业销售业务全流程的管理。销售管理系统支持以销售订单为核心的业务模式,支持普通批发销售、零售、委托代销业务、直运销售业务、分期收款销售和销售调拨等多种类型的销售业务,满足不同用户需求。

销售管理的主要功能包括:

(1) 销售管理初始化设置

销售管理初始化设置主要包括销售选项设置和销售期初数据录入。销售选项的设置将决定用户使用系统的业务流程、业务模式及数据流向。

销售管理的期初数据包括期初发货单、期初委托代销发货单等。

(2) 客户管理

客户管理包括客户全貌、业务员全貌和活动管理。在客户全貌中能展示完整的客户交往历史,包括对该客户的报价、合同、订单、发货、开票、收款、应收等全部情况。

(3) 销售业务管理

对销售业务的全流程进行管理,具体包括销售报价、销售订货、销售发货、销售开票、销售出库等销售环节。用户还可以根据实际情况进行销售流程的定制。

从物流角度,根据销售订单填制或生成销售发货单,并根据销售发货单生成销售出库单,在库存管理系统办理出库。

从资金流角度,依据销售发货单开具销售发票,发票审核后即可确认收入,形成应收账款,在应收款管理系统中可以查询和制单,并据此收款。

在销售管理系统中,可以处理普通销售、委托代销、直运业务、分期收款销售、销售调拨和零售等业务类型。

(4) 销售计划管理。以部门、业务员、存货、存货类及其组合为对象,考核销售的计划数与定额数的完成情况,并进行考核评估。

(5) 价格政策。系统能够提供历次售价、最新成本加成和按价格政策定价等三种价格依据,同时,按价格政策定价时,支持商品促销价,可以按客户定价,也可以按存货定价。按存货定价时还支持按不同自由项定价。

(6) 信用管理。系统提供了针对信用期限和信用额度两种管理制度;同时,既可以针对客户进行信用管理,又可以针对部门、业务员进行信用额度和信用期限的管理。如果超过信用额度,可以逐级向上审批。

(7) 销售账簿及销售分析

销售管理系统可以提供各种销售明细表和统计表、多种销售账簿,并可以进行多维度的销售分析。

实验目的与要求

运用销售管理系统对普通销售业务、直运销售业务、分期收款业务、销售零售业务及销售退货业务等进行处理,正确及时地处理各类销售业务,以便及时确认销售收入,确认并收取应收款项。销售管理系统能够与应收款管理系统、总账系统集成使用,以便及时处理销售款项,并对销售业务进行相应的账务处理。通过本章的学习,要求能够掌握主要销售业务的处理流程、处理方法和处理步骤,深入了解销售管理系统与供应链系统的其他子系统之间的紧密联系和数据传递关系,以便正确处理销售业务和与销售相关的其他业务。

教学建议

建议本章讲授 6 课时,上机操作练习 10 课时。

实验一 普通销售业务(一)

实验准备

已经完成第 4 章实验五的操作,或者引入"4-5 采购退货业务"账套备份数据。以 111 操作员(密码为 1)的身份进行普通销售业务处理。

实验内容

本实验业务均为先发货后开票的普通销售业务。
- 现结销售业务处理
- 形成应收销售业务处理
- 代垫费用销售业务处理
- 一次销售分批发货开票的销售业务处理

实验资料

1. 先发货后开票的普通销售业务—现结销售

2018 年 1 月 16 日,收到北京燕莎百货公司上年 12 月 8 日购买明辉男凉鞋的价税款 78 975 元(电汇 DH02001899),本公司于本月 15 日已开具销售专用发票(ZY185101),确认出库成本。

2. 先发货后开票的普通销售业务—形成应收

2018 年 1 月 16 日,给郑州丹尼斯百货公司开具上年 12 月 10 日销售 300 个兰宇男钱包的销售专用发票(ZY185102),款项尚未收到。

3. 先发货后开票的普通销售业务—代垫运费

2018 年 1 月 16 日,青岛市华光百货公司打算订购宏丰智能手机 50 部,意向价格 4000 元/部。本公司报价无税单价为 4300 元。

16 日,本公司与青岛市华光百货公司协商,对方同意宏丰智能手机销售单价为 4200 元,但订货数量减为 45 部。要求本月 18 日发货。

1 月 18 日从手机仓发货,并以现金代垫运费 500 元;同日开具销售专用发票,发票号为 ZY185103,货款尚未收到。

4. 先发货后开票的普通销售业务——一次订货分批发货、分存货开票

2018 年 1 月 16 日,北京燕莎百货公司有意向本公司订购明辉女正装鞋 100 双、明辉女休闲鞋 400 双,本公司报价无税单价分别为 500 元和 650 元。

2018 年 1 月 17 日,北京燕莎百货公司同意我公司的报价,并决定追加订货,明辉女正装鞋追加 50 双,明辉女休闲鞋追加 100 双,需要分存货开具销售发票。本公司同意对方的订货要求。

2018 年 1 月 18 日,从明辉鞋仓向北京燕莎百货公司发出明辉女正装鞋 50 双和明辉女休闲鞋 100 双,本销售项目发生业务招待费 300 元,现金支付。次日开具两张销售专用发票,女休闲鞋发票号为 ZY185104;女正装鞋发票号为 ZY185105。对方电汇(DH0077889)款项 76 050 元已经收到,系付 100 双女休闲鞋的价税款。50 双女正装鞋款项暂欠。确认出库成本。

实验指导

普通销售业务(一)主要是先发货后开票的销售业务,需要先处理报价单、销售订单、发货单等单据,发货单审核后根据销售管理系统初始化设置,系统将自动生成销售出库单。如果存货采用先进先出法核算,还可以随时结转销售成本。销售发票开具后,可能立即收到货款,根据发票现结处理;也可能尚未收到款项,需要确认为应收账款。

1. 第 1 笔销售业务

本笔业务属于上年已经发货的销售业务，本期开具销售专用发票并收到款项。
本笔业务处理流程如图 5-1 所示。

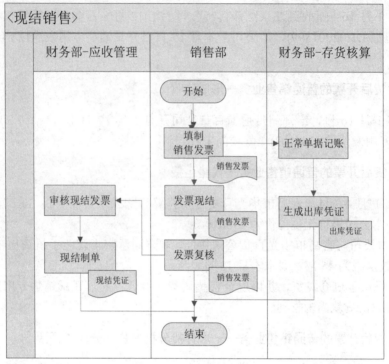

图 5-1　现结销售业务流程

(1) 在销售管理系统开具专用发票

操作步骤　(微课视频：sy050101.swf)

① 在企业应用平台中，打开"业务工作"选项卡，执行"供应链"｜"销售管理"｜"销售开票"｜"销售专用发票"命令，进入"销售专用发票"窗口。

② 单击"增加"按钮，打开"查询条件选择-发票参照发货单"对话框。"客户"选择"001 北京燕莎"，单击"确定"按钮，进入"参照生单"窗口，系统根据过滤条件显示符合条件的全部单据。

③ 在要参照的发货单记录中的"选择"栏双击，出现 Y 表示选择成功，窗口下方显示发货单存货记录，如图 5-2 所示。

④ 单击"OK 确定"按钮，系统根据所选择的发货单和存货自动生成一张销售专用发票。修改发票日期、发票号，单击"保存"按钮，确认并保存发票信息，如图 5-3 所示。

⑤ 由于开票的同时收到款项，所以单击"现结"按钮，打开"现结"对话框。输入结算方式、票据号、结算金额等信息，如图 5-4 所示。

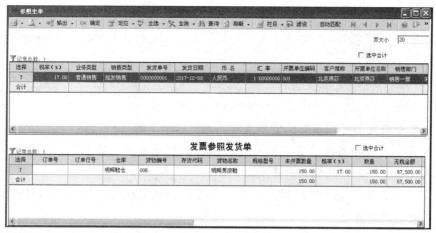

图 5-2　选择生成发票的发货单

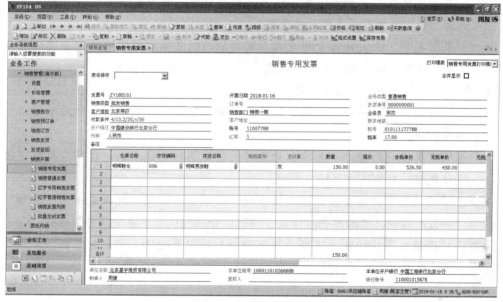

图 5-3　销售专用发票

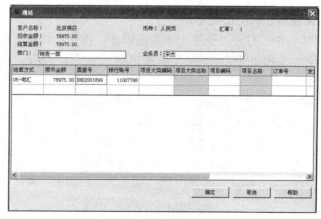

图 5-4　销售现结

⑥ 单击"确定"按钮，销售专用发票左上角显示"现结"字样。
⑦ 单击"复核"按钮，对销售专用发票进行复核，底部复核人处签署当前操作员姓名。
⑧ 关闭当前窗口。

提示：

- 销售专用发票可以参照发货单生成，也可以手工输入。
- 只有在基础档案中设置了客户开户银行、税号等信息的客户，才能开具销售专用发票，否则，只能开具普通发票。
- 开具销售专用发票现结时，需要输入客户的银行账号，否则，只能开具普通发票进行现结处理。
- 如果在销售管理系统销售选项"其他控制"选项卡中，选择"新增发票默认参照发货单生成"，则新增发票时系统自动弹出"选择发货单"对话框。系统默认为"新增发票默认参照订单生成"。
- 如果需要手工输入销售专用发票，则必须将销售系统选项中的"普通销售必有订单"选中标记取消，否则，只能参照生成，不能手工输入。
- 如果一张发货单需要分次开具发票，则需要修改发票数量等信息。
- 系统自动生成发票后，如果直接单击"复核"按钮，则不能进行现结处理，只能确认为应收账款。
- 如果需要现结处理，需要在自动生成销售发票时，先单击"现结"按钮，进行现结处理，再单击"复核"按钮。
- 已经现结或复核的发票不能直接修改。如果需要修改，可以先单击"弃结"和"弃复"按钮，然后单击"修改"按钮，修改确认后单击"保存"按钮。
- 已经现结或复核的发票不能直接删除。如果需要删除，需要先单击"弃结"和"弃复"按钮。

(2) 在应收款管理系统审核销售专用发票并制单

操作步骤 （微课视频：sy050102.swf）

① 在企业应用平台中，打开"业务工作"选项卡，执行"财务会计"|"应收款管理"|"应收单据处理"|"应收单据审核"命令，打开"应收单查询条件"对话框。
② 选择"包含已现结发票"复选框，如图5-5所示。
③ 单击"确定"按钮，进入"单据处理"窗口。
④ 在记录的"选择"栏处双击或单击"全选"按钮，选中需要审核的应收单据，单击"审核"按钮，系统弹出"本次审核成功单据[1]"信息提示框，如图5-6所示。单击"确定"按钮。

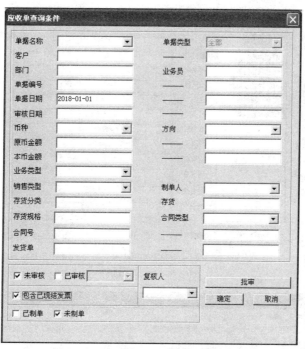

图 5-5 "应收单查询条件"对话框

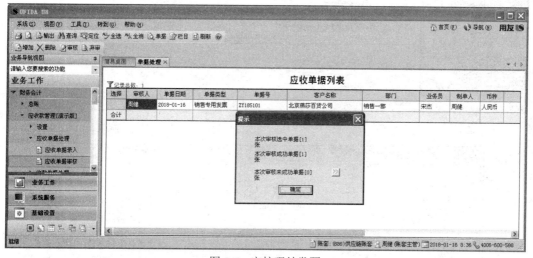

图 5-6 审核现结发票

⑤ 执行"制单处理"命令,打开"制单查询"对话框。选择"现结制单"复选框,如图 5-7 所示。

⑥ 单击"确定"按钮,进入"制单"窗口。单击"全选"按钮,如图 5-8 所示。

⑦ 选择凭证类别为"收款凭证",单击"制单"按钮,系统自动生成收款凭证。单击"保存"按钮,系统显示"已生成"标志,如图 5-9 所示。

⑧ 关闭当前窗口。

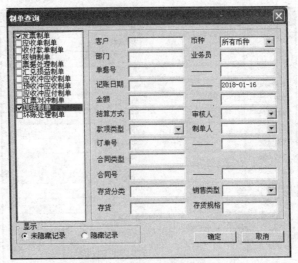

图 5-7 选择"现结制单"

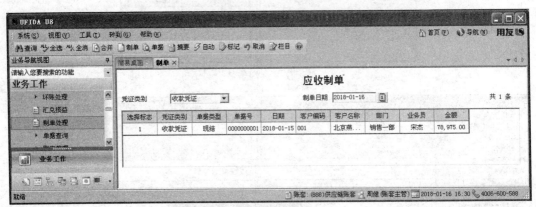

图 5-8 "制单"窗口

图 5-9 现结制单生成凭证

提示：

- 可以通过执行"应收款管理系统"|"单据查询"|"凭证查询"命令，查询根据应收单据生成的凭证。
- 应收单据可以在应收款管理系统中手工录入，也可以由销售发票自动生成。当销售管理系统与应收款管理系统集成使用时，销售发票复核后自动生成应收单并传递至应收款管理系统。
- 应收单需要在应收款管理系统中审核确认，才能形成应收款项。
- 如果是现结，应收单也必须在应收款管理系统中审核后，才能确认收取的款项。
- 由销售发票自动生成的应收单不能直接修改。如果需要修改，则必须在销售系统中取消发票的复核，单击"修改"、"保存"和"复核"按钮，根据修改后的发票生成的应收单就是已经修改后的单据了。
- 只有审核后的应收单或收款单才能制单。
- 可以根据每笔业务制单，也可以月末一次制单；如果采用月末处理，可以按业务分别制单，也可以合并制单。
- 已经制单的应收单或收款单不能直接删除。
- 如果需要删除已经生成凭证的单据或发票，必须先删除凭证，然后在"应收单审核"窗口中取消审核操作，才能删除。

(3) 在存货核算系统中结转销售成本并制单

操作步骤 (微课视频：sy050103.swf)

① 在存货核算系统中，执行"业务核算"|"正常单据记账"命令，打开"查询条件选择"对话框。

② 选择仓库"01 明辉鞋仓"，单据类型"专用发票"。单击"确定"按钮，进入"未记账单据一览表"窗口。

③ 选择需要记账的单据，如图 5-10 所示。单击"记账"按钮，系统弹出"记账成功"信息提示框，单击"确定"按钮返回。

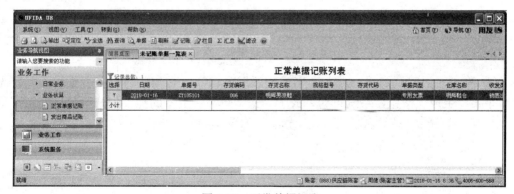

图 5-10　正常单据记账

提示：
- 记账后的单据在"正常单据记账"窗口中不再显示。
- 只有记账后的单据才能进行制单。

④ 执行"财务核算"|"生成凭证"命令，进入"生成凭证"窗口。

⑤ 单击"选择"按钮，打开"查询条件"对话框。选择"销售专用发票"复选框，如图 5-11 所示。

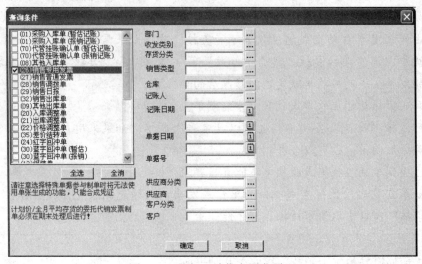

图 5-11 选择"销售专用发票"

⑥ 单击"确定"按钮，进入"选择单据"窗口。选择需要生成凭证的单据，如图 5-12 所示。

图 5-12 "选择单据"窗口

⑦ 单击"确定"按钮，进入"生成凭证"窗口。核对入账科目是否正确，确定无误后单击"生成"按钮，系统自动生成了一张结转销售成本的凭证。修改凭证类型，单击"保存"按钮，系统显示"已生成"标志，如图 5-13 所示。

⑧ 关闭当前窗口。

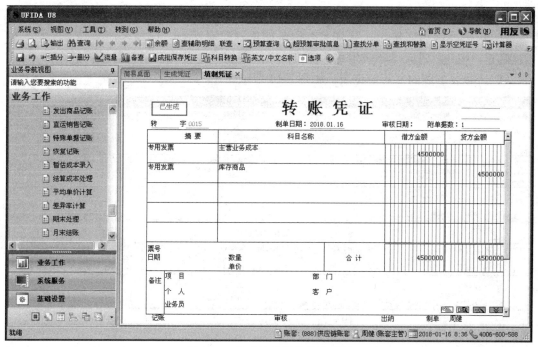

图 5-13　生成结转销售成本凭证

提示：

- 存货核算系统必须执行正常单据记账后，才能确认销售出库的成本，并生成结转销售成本凭证。
- 正常单据记账后，可以执行取消记账操作，恢复到记账前状态。
- 可以根据每笔业务单据执行记账操作，也可以月末执行一次记账操作。
- 可以根据每笔业务结转销售成本，生成结转凭证；也可以月末集中结转，合并生成结转凭证。
- 存货采用先进先出法、后进先出法等方法核算，可以随时结转成本。如果存货采用全月加权平均法，则只能在月末计算存货单位成本和结转销售成本。

2. 第 2 笔销售业务

本笔业务属于上年 12 月 10 日已经发货的销售业务，本期开具销售专用发票确认应收款项。因此，本笔业务需要在销售管理系统中开具销售专用发票；在应收款管理系统中审核应收单并生成凭证传递至总账系统。由于兰宇男上钱包采用全月平均法核算，月末才能结转销售成本。

(1) 在销售管理系统中开具销售专用发票

操作步骤　(微课视频：sy050201.swf)

① 在销售管理系统中，执行"销售开票"|"销售专用发票"命令，

进入"销售专用发票"窗口。

② 单击"增加"按钮,打开"查询条件选择"对话框。选择客户编码"002",单击"确定"按钮,进入"参照生单"窗口,系统根据过滤条件显示符合条件的全部单据。

③ 选择要参照的发货单记录,如图5-14所示。

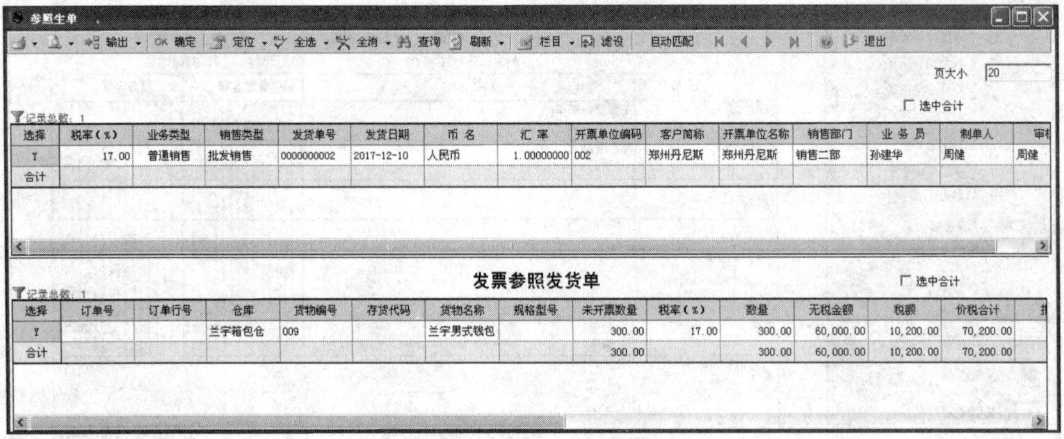

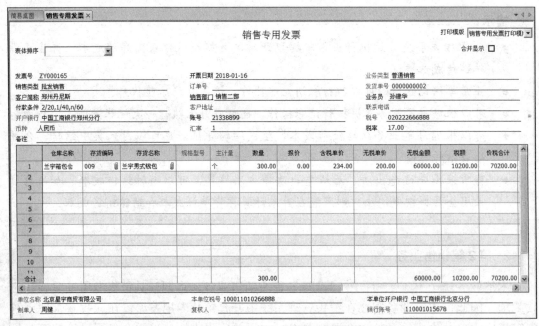

图5-14 选择生成发票的发货单

④ 单击"OK确定"按钮。系统根据所选择的发货单生成一张销售专用发票。修改发票信息,如开具发票的日期和发票号等信息,单击"保存"按钮,如图5-15所示。

图5-15 第2笔业务销售专用发票

⑤ 单击"复核"按钮,复核销售专用发票。

提示：

- 尚未复核的发票可以直接修改。已经复核的发票不能直接修改或删除。
- 已经复核的发票取消复核后，可以修改。单击"弃复"按钮，弃复成功后，单击"修改"按钮，修改信息确认后单击"保存"按钮。如果需要删除，取消复核成功后可以直接删除。

(2) 在应收款管理系统中审核销售专用发票并制单

操作步骤　（微课视频：sy050202.swf）

① 在应收款管理系统中，执行"应收单据处理"|"应收单据审核"命令，打开"应收单查询条件"对话框。

② 单击"确定"按钮，进入"单据处理"窗口。

③ 选择需要审核的应收单据，单击"审核"按钮，系统弹出"本次审核成功单据1张"信息提示对话框。单击"确定"按钮。

④ 执行"制单处理"命令，打开"制单查询"对话框。默认选中"发票制单"选项。单击"确定"按钮，进入"制单"窗口。

⑤ 选择凭证类别为"转账凭证"，单击"全选"按钮，选中要制单的记录。单击"制单"按钮，系统根据所选择的应收单自动生成转账凭证。单击"保存"按钮，系统显示"已生成"标志，如图5-16所示。

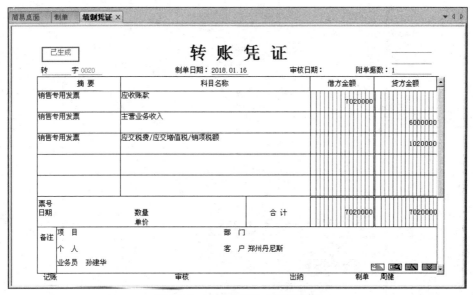

图5-16　根据发票生成转账凭证

> **提示：**
> - 可以在业务发生时立即制单，也可以月末批量制单。
> - 如果制单日期不序时，则系统拒绝保存不序时的凭证。
> - 如果要取消制单的序时控制，则启动总账系统，在其选项设置中取消"制单序时控制"选项。

3. 第3笔销售业务

本笔业务属于本期发生的业务，需要填制或生成报价单、销售订单、销售发货单、销售出库单、销售专用发票，进行代垫运费的处理；在应收款管理系统中审核应收单并制单。

本笔业务处理流程如图5-17所示。

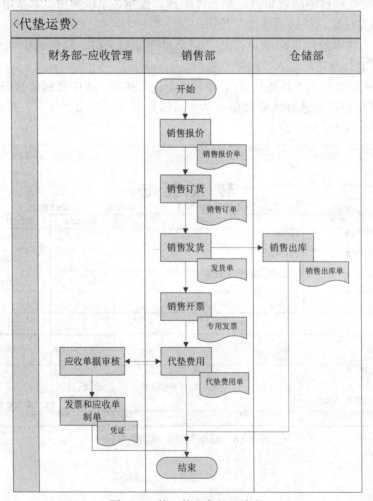

图5-17 第3笔业务处理流程

(1) 销售报价

操作步骤 （微课视频：sy050301.swf）

① 在销售管理系统中，执行"销售报价"|"销售报价单"命令，进入"销售报价单"窗口。

② 单击"增加"按钮，输入表头信息。业务类型为"普通销售"，销售类型为"批发销售"，日期修改为"2018年1月16日"，客户是"青岛市华光百货公司"，税率为17%。表体中的存货为"宏丰智能手机"，数量50部，报价4300元/部。单击"保存"按钮。

③ 单击"审核"按钮，如图5-18所示。

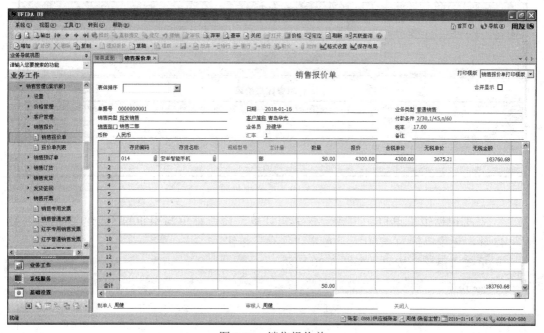

图5-18 销售报价单

提示：

- 销售报价单只能手工输入。
- 销售报价单没有审核前，可以单击"修改"按钮进行修改；如果已经审核，则必须先取消审核，然后才能修改。
- 报价单被参照后与销售订单不建立关联，即使审核后也可以删除。
- 已经保存的报价单可以在报价单列表中查询，所选择报价单打开后，可以执行弃审、修改、删除等操作。

(2) 销售订货

操作步骤 （微课视频：sy050302.swf）

① 执行"销售订货"|"销售订单"命令，进入"销售订单"窗口。

② 单击"增加"按钮,单击"生单"按钮旁下三角按钮打开列表,选择"报价",打开"查询条件选择-订单参照报价单"对话框。单击"确定"按钮,进入"参照生单"窗口。

③ 双击选中 1 月 16 日的青岛市华光百货公司的报价单,如图 5-19 所示。单击"OK 确定"按钮。

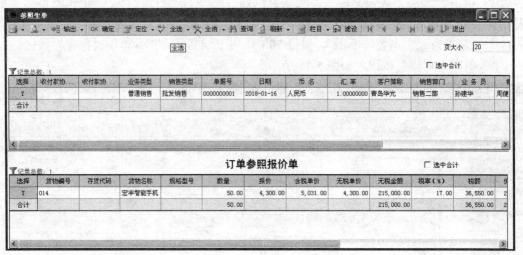

图 5-19　选择报价单

④ 系统根据报价单自动生成一张销售订单。修改订单与报价单不一致的信息,数量为 45 部,无税单价为 4200 元。单击"保存"按钮。

⑤ 单击"审核"按钮,如图 5-20 所示。

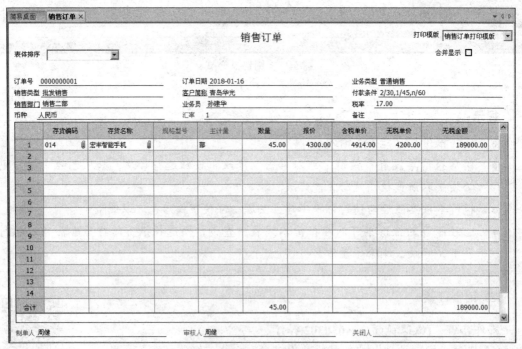

图 5-20　销售订单

提示：

- 销售订单可以手工输入，也可以根据销售报价单参照生成。
- 参照报价单生成的销售订单，所有从报价单带入的信息均可修改。同时还可以在销售订单上增行、删行。
- 已经保存的销售订单可以在订单列表中查询。没有被下游参照的订单可以在打开单据后执行弃审、修改、删除等操作。
- 已经审核的销售订单可以修改。在订单列表中，打开该销售订单，单击"变更"按钮，可以修改。

(3) 销售发货

操作步骤 (微课视频：sy050303.swf)

① 执行"销售发货"|"发货单"命令，进入"发货单"窗口。
② 单击"增加"按钮，打开"查询条件选择-参照订单"对话框。
③ 单击"确定"按钮，进入"参照生单"窗口。选择青岛市华光百货公司的订单，如图5-21所示。

图 5-21　发货单参照订单

④ 单击"OK确定"按钮，系统参照销售订单自动生成发货单。选择发货仓库为"手机仓"。单击"保存"按钮。
⑤ 单击"审核"按钮，如图5-22所示。关闭当前窗口。

提示：

- 销售发货单可以手工输入，也可以参照销售订单生成。如果销售系统选项中设置了"普通销售必有订单"，则只能参照生成。
- 如果发货单等单据已经被下游单据参照，则不能直接修改、删除。如果需要修改或删除，则必须先删除下游单据，然后取消审核，再修改或删除。

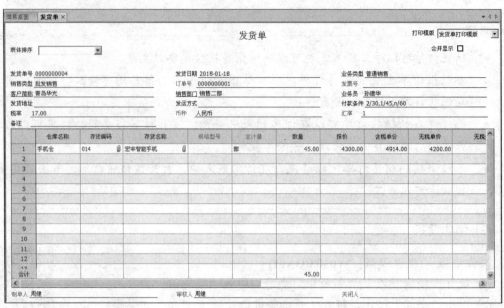

图 5-22 发货单

(4) 销售出库

操作步骤 (微课视频：sy050304.swf)

① 在库存管理系统中，执行"出库业务"|"销售出库单"命令，进入"销售出库单"窗口。

② 单击" "末张按钮，找到根据发货单生成的销售出库单。单击"审核"按钮，如图 5-23 所示。

图 5-23 销售出库单

提示：

- 在销售管理系统选项中设置了"销售生成出库单"，则系统根据销售发货单自动生成出库单。
- 如果在销售管理选项中没有设置"销售生成出库单"，则在库存管理系统的销售出库单窗口中，单击"生单"按钮，系统显示出库单查询窗口。用户自行选择过滤单据生成销售出库单。
- 在库存管理系统中生成的销售出库单，可以在销售管理系统的账表查询中，通过联查单据查询到该销售出库单。
- 在由库存管理生单向销售管理生单切换时，如果有已审核的发货单、已复核的发票未在库存管理系统中生成销售出库单，将无法生成销售出库单。因此，应检查已审核/复核的销售单据是否已经全部生成销售出库单后再切换。
- 系统自动生成的销售出库单不能修改，可以直接审核。

(5) 销售开票

操作步骤　（微课视频：sy050305.swf）

① 在销售管理系统中，执行"销售开票"|"销售专用发票"命令，进入"销售专用发票"窗口。

② 单击"增加"按钮，系统自动弹出"查询条件选择-发票参照发货单"对话框。单击"确定"按钮，系统根据过滤条件显示符合条件的全部单据。

③ 双击要参照的单据的选择栏，或单击"全选"按钮，出现"Y"表示选择成功。单击"OK确定"按钮。

④ 系统自动生成一张销售专用发票。修改发票日期和发票号，单击"保存"按钮。

⑤ 单击"复核"按钮，复核销售专用发票。

⑥ 在销售专用发票界面单击"代垫"按钮，或执行"代垫费用"|"代垫费用单"命令，进入"代垫费用单"窗口。

⑦ 输入代垫费用及其相关内容。单击"保存"按钮，再单击"审核"按钮，如图 5-24 所示。

提示：

- 代垫费用单可以在销售管理系统的专用发票窗口中，生成销售专用发票保存后，单击"代垫"按钮，调出"代垫费用单"窗口，输入"代垫费用单"。
- 代垫费用单也可以通过执行"销售管理"|"代垫费用"|"代垫费用单"命令进行输入。
- 代垫费用单保存后自动生成其他应收单并传递至应收款管理系统。
- 销售管理系统只能记录代垫费用，但不能对代垫费用制单。其凭证需要在应收款管理系统审核代垫费用单后，才能制单。

图 5-24 代垫费用单

(6) 应收款管理系统审核应收单并制单

操作步骤 （微课视频：sy050306.swf）

① 在应收款管理系统中，执行"应收单据处理"|"应收单据审核"命令，打开"应收单查询条件"对话框。

② 单击"确定"按钮。选择需要审核的销售专用发票和代垫费用形成的其他应收单。单击"审核"按钮，系统弹出"本次审核成功单据 2 张"信息提示对话框。单击"确定"按钮返回。

③ 执行"制单处理"命令，打开"制单查询"对话框。选择"发票制单"和"应收单制单"，单击"确定"按钮，进入"制单"窗口。

④ 单击"全选"按钮，在需要制单的两个记录前的"选择标志"栏分别显示1和2，表示选择1的单据生成一张凭证，选择2的单据生成另一张凭证。

⑤ 选择凭证类别为"转账凭证"，单击"制单"按钮，系统自动生成第一张转账凭证，单击"保存"按钮，系统显示"已生成"标志，如图5-25所示。

⑥ 单击"➡"下张凭证按钮，在第 2 行科目名称栏输入 1001，修改凭证类别为"付款凭证"，再单击"保存"按钮，如图 5-26 所示。

4. 第 4 笔销售业务

本笔业务属于一次订货分批发货，并分存货开具销售专用发票，在销售过程中支付运杂费 300 元。

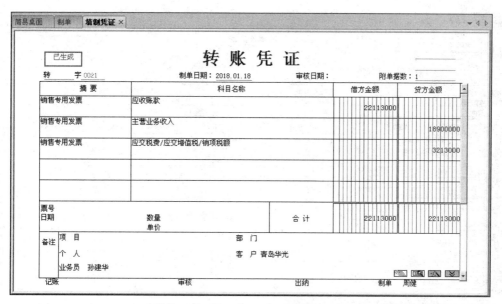

图 5-25 根据销售专用发票生成转账凭证

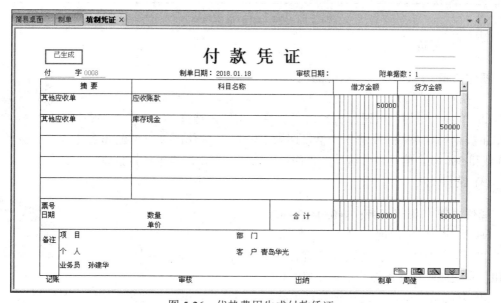

图 5-26 代垫费用生成付款凭证

(1) 销售报价

操作步骤 (微课视频：sy050401.swf)

① 在销售管理系统中，执行"销售报价"|"销售报价单"命令，进入"销售报价单"窗口。

② 单击"增加"按钮，输入表头信息。业务类型为"普通销售"，销售类型为"批发销售"，日期修改为"2018年1月16日"，客户是"北京燕莎百货公司"，税率为17%。表体中的存货为"明辉女正装鞋"，数量100双，报价500元/双；明辉女休闲鞋400双，报价650元/双。输入完毕单击"保存"按钮，再单击"审核"按钮，如图5-27所示。

	存货编码	存货名称	规格型号	主计量	数量	报价	含税单价	无税单价	无税金额
1	001	明辉女正装鞋		双	100.00	500.00	585.00	500.00	50000.00
2	002	明辉女休闲鞋		双	400.00	650.00	760.50	650.00	260000.00
合计					500.00				310000.00

图 5-27 销售报价单

(2) 销售订货

操作步骤 （微课视频：sy050402.swf）

① 执行"销售订货"|"销售订单"命令，进入"销售订单"窗口。

② 单击"增加"按钮，再单击"生单"按钮，选择"报价"，参照报价单生成销售订单，修改销售订单日期为 17 日，分别修改女正装鞋和女休闲鞋的数量为 150 双和 500 双。信息确认后单击"保存"按钮，再单击"审核"按钮。

(3) 销售发货

操作步骤 （微课视频：sy050403.swf）

① 执行"销售发货"|"发货单"命令，进入"发货单"窗口。

② 单击"增加"按钮，系统弹出"参照生单"窗口。单击"确定"按钮，系统显示符合条件的销售订单。

③ 双击出现 Y 表示选中销售订单和相应的存货。单击"确定"按钮，系统自动参照销售订单生成销售发货单，修改发货日期为 18 日，输入发货仓库为"明辉鞋仓"，分别修改数量为 50 双和 100 双。单击"保存"按钮，再单击"审核"按钮，如图 5-28 所示。关闭"发货单"窗口。

(4) 销售开票和支付费用

操作步骤 （微课视频：sy050404.swf）

① 执行"销售开票"|"销售专用发票"命令，进入"销售专用发票"窗口。

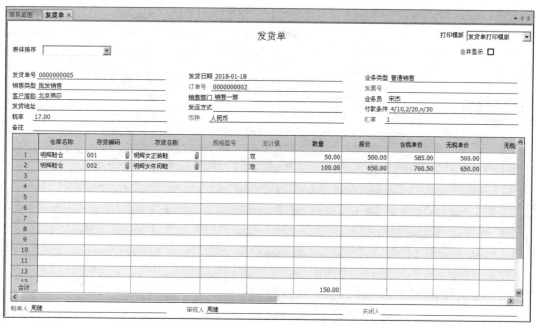

图 5-28　第 4 笔业务销售发货单

② 单击"增加"按钮,打开"查询条件选择"对话框。单击"确定"按钮,系统显示符合条件的发货单,选中客户为北京燕莎百货公司的发货单,同时在存货中选择女休闲鞋,如图 5-29 所示。

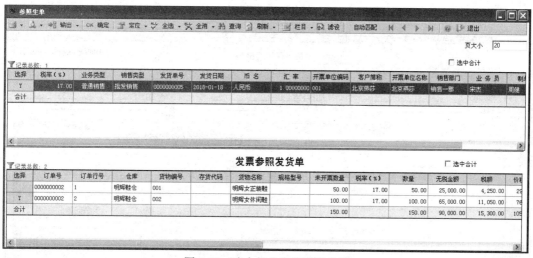

图 5-29　选中部分存货开具发票

③ 单击"OK 确定"按钮,系统自动生成女休闲鞋销售专用发票。修改日期和发票号,单击"保存"按钮。

④ 单击"现结"按钮,在结算窗口输入结算方式、结算金额等信息,单击"确定"按钮。最后单击"复核"按钮,确认并保存该专用发票,如图 5-30 所示。

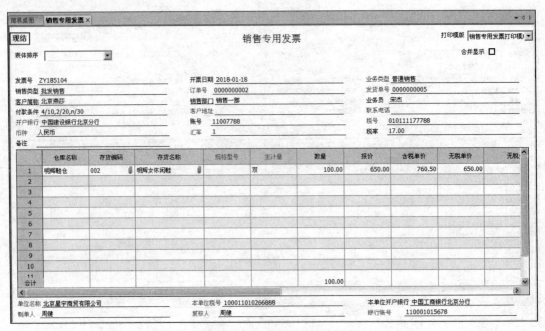

图 5-30　拆单销售发票 1

⑤ 单击"增加"按钮，选择发货单中的女正装鞋存货生成销售专用发票，补充录入发票号，单击"保存"按钮。单击"复核"按钮。

⑥ 单击"支出"按钮，进入"销售费用支出单"窗口。输入支付的业务招待费信息，依次单击"保存""审核"按钮，如图 5-31 所示。关闭返回销售发票界面。

图 5-31　第 4 笔业务销售支出单

> **提示：**
> - 销售支出单可以通过在发票界面直接单击"支出"按钮，在销售费用支出窗口输入支付的各项费用。注意输入时在费用项目处先选择费用项目，系统自动带出费用项目编码。
> - 销售支出单也可以在销售系统中通过执行"销售支出"|"销售支出单"命令输入费用支出信息。
> - 销售支出单用于记录随货物销售所发生的为客户支付的业务执行费，目的在于让企业掌握用于某客户费用支出的情况，以及承担这些费用的销售部门或业务员的情况，作为对销售部门或业务员的销售费用和经营业绩的考核依据。销售费用支出单在销售管理中仅作为销售费用的统计单据，与其他产品没有传递或关联关系。

(5) 审核应收单据并制单

操作步骤　(微课视频：sy050405.swf)

① 在应收款管理系统中，执行"应收单据处理"|"应收单据审核"命令，对北京燕莎百货的两张销售专用发票进行审核。

> **提示：**
> 其中一张为现结发票。

② 执行"制单处理"命令，选中"发票制单"和"现结制单"，生成转账凭证和付款凭证，如图 5-32 和图 5-33 所示。

图 5-32　发票制单

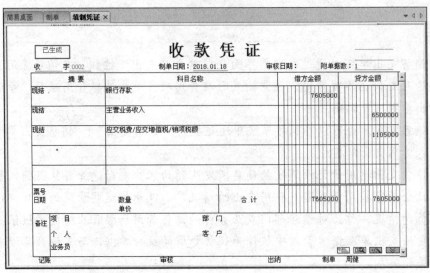

图 5-33 现结制单

(6) 销售出库结转销售成本

操作步骤 （微课视频：sy050406.swf）

① 在库存管理系统中，执行"出库业务"|"销售出库单"命令，进入销售出库单窗口。单击"➡"末张按钮，找到系统根据发货单自动生成的销售出库单，单击"审核"按钮，如图 5-34 所示。

图 5-34 第 4 笔业务销售出库单

② 在存货核算系统中，执行"业务核算"|"正常单据记账"命令，对本业务销售专用发票进行记账。

③ 执行"财务核算"|"生成凭证"命令，针对本业务发票合并制单，生成转账凭证，如图 5-35 所示。

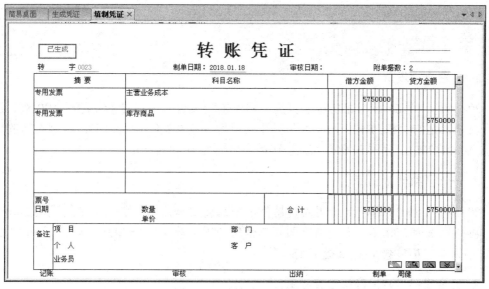

图 5-35　结转销售成本凭证

> **提示：**
> 存货核算系统制单时单击"生成"按钮表示每张销售出库单分别生成记账凭证，单击"合成"按钮表示多张销售出库单合并生成一张记账凭证。

5. 账套输出

全部完成后，将账套输出至"5-1 普通销售业务一"文件夹中。

实验二　普通销售业务(二)

实验准备

已经完成第 5 章实验一的操作，或者引入"5-1 普通销售业务一"账套备份数据。以 111 操作员(密码为 1)的身份登录 888 账套进行销售业务处理。

实验内容

本实验业务均为先开票后发货(开票直接发货)普通销售业务。

- 一次开票全部出库
- 一次开票分批出库

实验资料

1. 开票直接发货

2018年1月20日,北京燕莎百货公司派采购员到本公司订购女凉鞋100双,经协商,双方认定的价格为400元,本公司开具销售专用发票(ZY185201),收到对方的转账支票(ZZ0011278),金额46 800元。采购员当日提货(明辉鞋仓)。

2. 一次开票分批出库

2018年1月20日,上海明兴贸易公司采购员到本公司采购兰宇男式钱包300个,双方协商价格为200元,本公司立即开具销售专用发票(ZY185202),于20日和22日分两批出库(兰宇箱包仓),每次提货150个。

3. 开票直接发货,确认出库成本

2018年1月22日,郑州丹尼斯百货公司有意向本公司订购女休闲鞋200双,经双方协商,以650元成交。22日收到对方的电汇(DH001899),本公司当即开具销售专用发票(ZY185203)。

2018年1月22日,给郑州丹尼斯百货公司发货(明辉鞋仓),确认明辉女休闲鞋出库成本。

4. 开票部分发货

2018年1月22日,青岛市华光百货公司向本公司订购男休闲鞋100双、男凉鞋100双。双方协商订购价为男休闲鞋650元,男凉鞋450元。本公司于22日开具销售专用发票(ZY185204),对方于当日提男休闲鞋100双,男凉鞋尚未提货。

实验指导

普通销售业务(二)主要是开票直接发货或者先开票后发货的销售业务,这两类业务都可以直接开具发票,系统根据发票自动生成发货单,并根据发货单参照生成销售出库单。这两类业务可以是现销业务,也可以是赊销业务。如果存货采用先进先出法核算,也可以随时结转销售成本。

普通销售业务(二)需要直接由手工开具发票,因此,必须将销售管理系统的"普通销售必有订单"项取消,同时取消库存管理系统的"销售生成出库单"选项。这样就可以手工开具销售发票了。

1. 第 1 笔销售业务

本笔业务属于开票直接发货的普通销售业务，可以直接开具销售专用发票，由销售发票生成销售发货单、销售出库单，确认收入、收取价税款。

(1) 设置销售选项

操作步骤 （微课视频：sy050501.swf）

① 在销售管理系统中，执行"设置"|"销售选项"命令，打开"销售选项"对话框。

② 取消"销售生成出库单"选中标记，如图 5-36 所示。

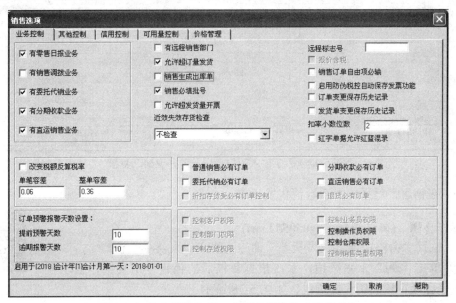

图 5-36　修改销售选项—去掉"销售生成出库单"

③ 单击"确定"按钮。

(2) 销售开票并现结

操作步骤 （微课视频：sy050502.swf）

① 执行"销售开票"|"销售专用发票"命令，进入"销售专用发票"窗口。

② 单击"增加"按钮，打开"发票参照发货单"对话框，单击"取消"按钮，关闭该对话框，进入"销售专用发票"窗口。

③ 手工输入发票的表头和表体信息：业务类型为"普通销售"，销售类型为"批发销售"，客户为"001 北京燕莎百货公司"，开票日期为 2018 年 1 月 20 日，发票号为 ZY185201；明辉鞋仓女凉鞋 100 双，无税单价 400 元。全部信息输入后，单击"保存"按钮。

④ 单击"现结"按钮，打开"现结"窗口，输入结算方式为"转账支票"(ZZ0011278)，全额支付。

⑤ 单击"确定"按钮。发票上自动显示"现结"标志,单击"复核"按钮,如图 5-37 所示。

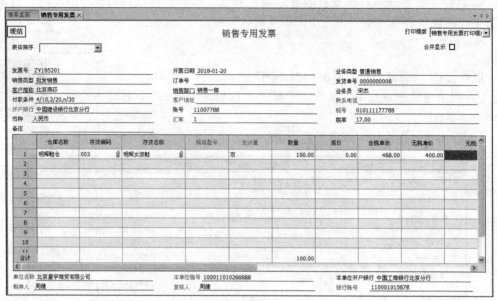

图 5-37 手工输入销售专用发票并现结、复核

(3) 在销售管理系统中查看销售发货单

操作步骤 (微课视频:sy050503.swf)

① 执行"销售发货"|"发货单"命令,进入"发货单"窗口。

② 单击" ➡| "末张按钮,系统根据复核后的销售专用发票,自动生成了一张已经审核的销售发货单,如图 5-38 所示。

图 5-38 根据销售发票生成的发货单

(4) 在库存管理系统中根据发货单生成销售出库单

操作步骤 (微课视频：sy050504.swf)

① 在库存管理系统中，执行"出库业务"|"销售出库单"命令，进入"销售出库单"窗口。

② 单击"生单"按钮，选择"销售生单"，打开"查询条件选择"对话框。单击"确定"按钮，进入"销售生单"窗口。

③ 双击选择要参照的发货单，如图5-39所示。

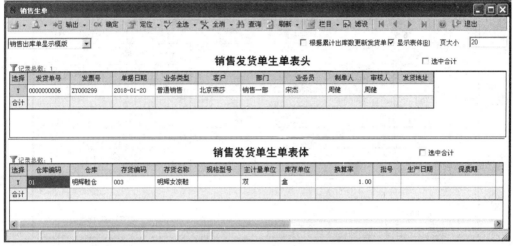

图 5-39　销售生单

④ 单击"OK 确定"按钮，系统根据选择的发货单生成一张未保存的销售出库单。单击"保存"按钮，再单击"审核"按钮，如图5-40所示。

图 5-40　根据发货单生成销售出库单

(5) 在应收款管理系统审核销售专用发票并制单

操作步骤 (微课视频：sy050505.swf)

① 在应收款管理系统中，执行"应收单据处理"|"应收单据审核"命令，对已现结发票进行审核。

② 执行"制单处理"命令，选择"现结制单"，生成收款凭证，如图5-41所示。

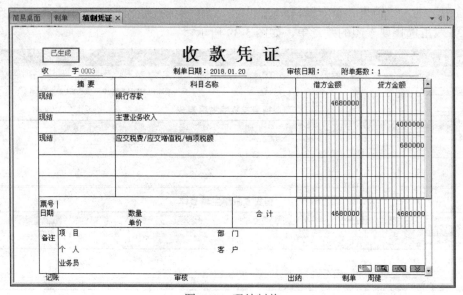

图5-41 现结制单

提示：

- 根据销售专用发票生成的发货单信息不能修改，发货单日期为操作业务日期。如果需要与发票日期相同，则注册进入企业应用平台的日期应该与发票日期相同，否则，发货单日期不等于发票日期。其他由系统自动生成的单据或凭证日期也是如此。
- 根据发货单生成销售出库单时，可以修改出库数量，即可以处理分次出库业务。

2. 第2笔销售业务

本笔业务属于开票直接发货的普通销售业务，可以直接开具销售专用发票，由销售发票生成销售发货单，分次生成销售出库单，确认应收账款。

(1) 在销售管理系统中开具销售专用发票

操作步骤 (微课视频：sy050601.swf)

① 在销售管理系统中，执行"销售开票"|"销售专用发票"命令，进入"销售专用发票"窗口。

② 单击"增加"按钮，关闭"选择发货单"对话框。手工输入发票的表头和表体

信息：发票号为 ZY185202，业务类型为"普通销售"，销售类型为"批发销售"，客户为"上海明兴贸易公司"；兰宇箱包仓男式钱包 300 个，无税单价 200 元。全部信息输入后，单击"保存"按钮，再单击"复核"按钮。

（2）在销售管理系统中查看根据销售发票生成的销售发货单

操作步骤略。(微课视频：sy050602.swf)

（3）在库存管理系统中分批生成销售出库单

操作步骤 (微课视频：sy050603.swf)

① 在库存管理系统中，执行"出库业务"|"销售出库单"命令，进入"销售出库单"窗口。

② 单击"生单"下三角按钮，选中"销售生单"，参照发货单生成一张未保存的销售出库单。

③ 修改发货数量为150。单击"保存"按钮，再单击"审核"按钮，如图 5-42 所示。

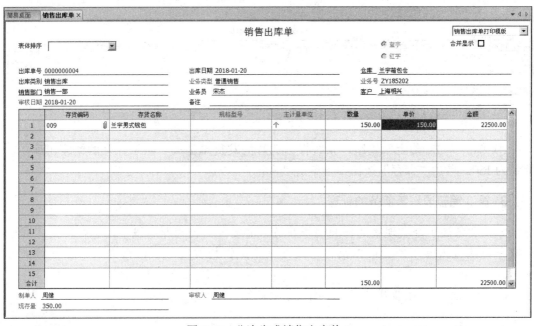

图 5-42　分次生成销售出库单 1

（4）在应收款管理系统中审核应收单据并制单

操作步骤 (微课视频：sy050604.swf)

① 启动应收款管理系统，执行"应收单据处理"|"应收单据审核"命令，审核销售专用发票。

② 执行"制单处理"命令，选择"发票制单"，生成转账凭证，然后单击"保存"按钮。

(5) 在库存管理系统第 2 次出库

操作步骤

① 22 日，在库存管理系统中，执行"出库业务"|"销售出库单"命令，进入"销售出库单"窗口。

② 单击"生单"按钮，选择"销售生单"，打开"查询条件选择"对话框。单击"确定"按钮，进入"销售生单"窗口。

③ 选中要参照的发货单，发货单表体记录中的存货未出库数量为150，如图5-43所示。

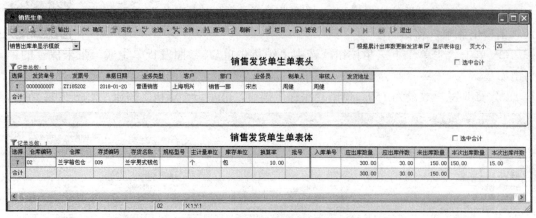

图 5-43　第 2 次出库参照发货单

④ 单击"OK 确定"按钮，系统根据选择的发货单生成一张未保存的销售出库单，数量为 150。单击"保存"按钮，再单击"审核"按钮。

3. 第 3 笔普通销售业务的处理

本笔业务属于开票现销的普通销售业务，需要开具销售专用发票，进行现结，根据应收单确认收入并制单。根据销售专用发票生成销售发货单、销售出库单和结转销售成本。

(1) 在销售管理系统开具销售专用发票并现结

操作步骤　（微课视频：sy050701.swf）

① 在销售管理系统中，执行"销售开票"|"销售专用发票"命令，进入"销售专用发票"窗口。

② 单击"增加"按钮，关闭"选择发货单"对话框。手工输入发票的表头和表体信息：业务类型为"普通销售"，销售类型为"批发销售"，客户为"郑州丹尼斯百货公司"，开票日期为 2018 年 1 月 22 日，发票号为 ZY185203；明辉鞋仓女休闲鞋 200 双，无税单价 650 元。全部信息输入后，单击"保存"按钮。

③ 单击"现结"按钮，打开"现结"窗口，输入结算方式为"电汇"(DH001899)，结算金额为 152 100 元，输入完毕，单击"确定"按钮。

④ 发票上自动显示"现结"字样，单击"复核"按钮，如图 5-44 所示。

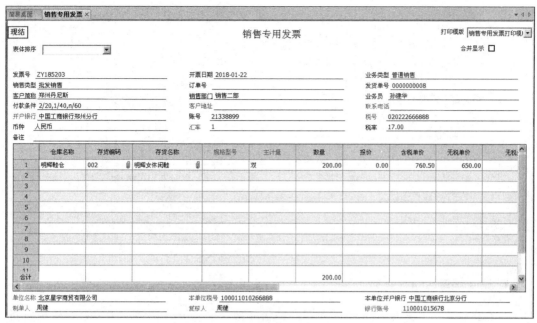

图 5-44　第 3 笔业务销售专用发票

(2) 在应收款管理系统中审核销售发票并现结制单

操作步骤略。　**(微课视频：sy050702.swf)**

(3) 在销售管理系统查看销售发货单　**(微课视频：sy050703.swf)**

在销售管理系统中，执行"销售发货"|"发货单"命令，进入"发货单"窗口。系统根据复核后的销售专用发票，自动生成了一张已经审核的销售发货单。

(4) 在库存管理系统中生成销售出库单

操作步骤　**(微课视频：sy050704.swf)**

① 在库存管理系统中，执行"出库业务"|"销售出库单"命令，进入"销售出库单"窗口。

② 单击"生单"按钮，选择"销售生单"，根据上述发货单生成一张未保存的销售出库单。单击"保存"按钮，再单击"审核"按钮。

(5) 在存货核算系统中单据记账、结转销售成本

操作步骤　**(微课视频：sy050705.swf)**

① 在存货核算系统中，执行"业务核算"|"正常单据记账"命令，对本笔业务销售专用发票进行记账。

② 执行"财务核算"|"生成凭证"命令，进入"生成凭证"窗口。选择"销售专用发票"生成结转销售成本的凭证，如图 5-45 所示。单击"退出"按钮。

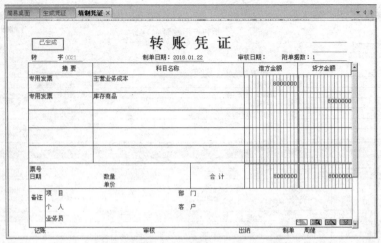

图 5-45　第 3 笔业务结转销售成本凭证

4. 第 4 笔普通销售业务

本笔业务属于开票后部分提货的普通销售业务，需要开具销售专用发票、生成发货单、销售出库单，确认应收账款并制单。

请学员自行练习。流程提示：

(1) 在销售管理系统开具销售专用发票并复核　**(微课视频：sy050801.swf)**

(2) 在销售管理系统中查看销售发货单　**(微课视频：sy050802.swf)**

(3) 在库存管理系统生成销售出库单　**(微课视频：sy050803.swf)**

在参照发货单生单时，只选择男休闲鞋出库，如图 5-46 所示。

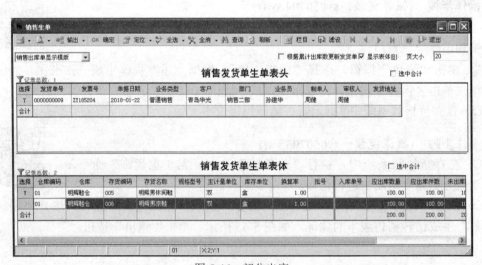

图 5-46　部分出库

(4) 在应收款管理系统中审核销售专用发票并制单 **(微课视频: sy050804.swf)**

5. 账套输出

全部完成后,将账套输出至"5-2 普通销售业务二"文件夹中。

实验三 销售退货业务

实验准备

已经完成第 5 章实验二的操作,或者引入"5-2 普通销售业务二"账套备份数据。以 111 操作员(密码为 1)的身份进行销售退货业务处理。

重新设置销售选项"销售生成出库单"。 **(微课视频: sy050900.swf)**

实验内容

- 尚未出库的退货
- 已发货未开票退货
- 已收款的退货
- 已结转销售成本退货

实验资料

1. 尚未出库的退货业务

2018 年 1 月 24 日,青岛市华光百货公司提出退回明辉男凉鞋 100 双,无税单价 450 元(22 日已经开票、生成发货单,但尚未出库)。开具红字销售专用发票,票号 ZY185301。

2. 已发货未开票退货业务

2018年1月24日,向上海明兴贸易公司发出宏丰智能手机10部,无税单价为4200元。

1 月 25 日,对方因为质量问题全部退货(收到,入手机仓)。本公司同意退货。该批手机于 1 月 24 日发货,尚未开具发票。

3. 已收款的退货业务

2018 年 1 月 25 日,北京燕莎百货公司要求退货,退回明辉女凉鞋 10 双(明辉鞋仓),无税单价 400 元。该女凉鞋已于本月 20 日开具销售专用发票并收款。本公司同意退货,开具红字销售专用发票,票号 ZY185303,同时办理退款手续(开出一张现金支票 XJ010)。

4. 已收款并结转销售成本的退货业务

2018年1月25日,郑州丹尼斯百货公司因质量问题要求退回明辉女休闲鞋20双,无税单价650元。该休闲鞋已于本月22日开具销售专用发票并收款,22日发货并结转销售成本(单位成本400元)。本公司同意退货,开具红字销售专用发票,票号ZY185304,同时办理退款手续(电汇DH001999),金额15 210元,当日收到退回的女休闲鞋。

实验指导

销售退货业务包括普通销售退货和委托代销退货业务的处理,分为开具发票前退货和开具发票后退货、委托代销结算前退货和委托代销结算后退货。不同阶段发生的退货业务其业务处理不完全相同。

先发货后开票业务模式下的退货处理流程
(1) 填制退货单,审核该退货单。
(2) 根据退货单生成红字销售出库单,传递至库存管理系统。
(3) 填制红字销售发票,复核后的红字销售发票自动传递至应收款管理系统。
(4) 红字销售发票经审核,形成红字应收款。
(5) 红字销售出库单在存货核算系统中记账,进行成本处理。

开票直接发货退货业务处理流程
(1) 填制红字销售发票,复核后自动生成退货单(或先录退货单,再参照生成红字发票)。
(2) 生成红字销售出库单。
(3) 复核后的红字销售发票自动传递至应收款管理系统,审核后,形成红字应收款。
(4) 审核后的红字出库单在存货核算系统中记账,进行成本处理。

1. 第1笔退货业务的处理

本笔业务属于先开票后发货的普通销售业务,已经给对方开出发货单,但尚未出库,因此,退货时,需要输入退货单,开具红字专用销售发票。由于尚未生成销售出库单,所以,不必生成红字销售出库单。

(1) 在销售管理系统中填制并审核退货单

操作步骤 (微课视频:sy050901.swf)

① 在销售管理系统中,执行"销售发货"|"退货单"命令,进入"退货单"窗口。

② 单击"增加"按钮,打开"查询条件选择-退货单参照发货单"对话框。单击"取消"按钮返回。

③ 手工填制一张退货单,销售类型选择"销售退回";客户选择"青岛华光",存货"006 明辉男凉鞋",数量"-100",无税单价"450",单击"保存"按钮。

④ 单击"审核"按钮，如图5-47所示。

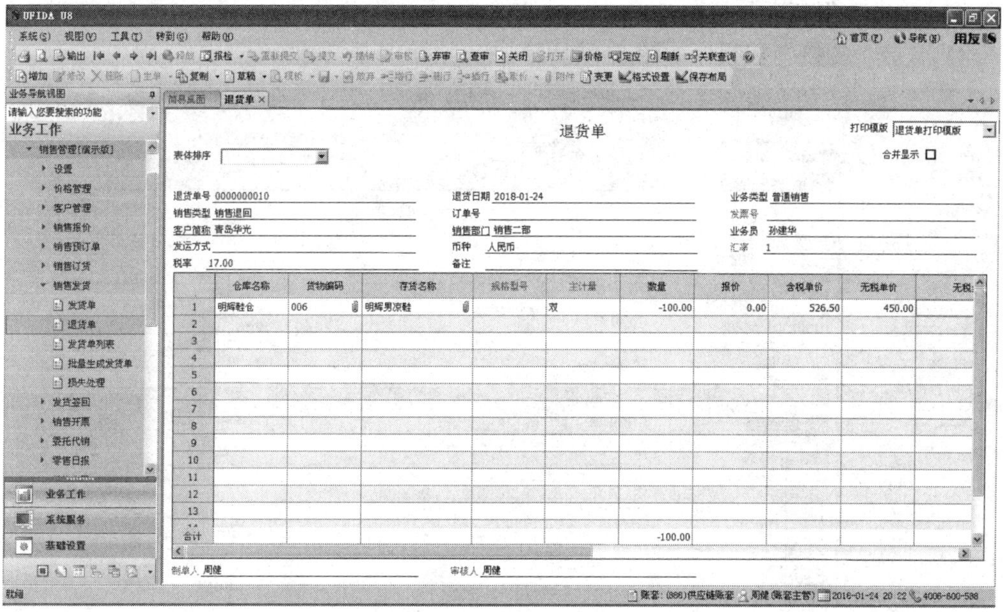

图5-47 退货单

(2) 在销售管理系统中生成并复核红字专用销售发票

操作步骤 （微课视频：sy050902.swf）

① 执行"销售开票"｜"红字专用销售发票"命令，进入"红字销售专用发票"窗口。

② 单击"增加"按钮，打开"查询条件选择-发票参照发货单"对话框。发货单类型选择"红字记录"，如图5-48所示。单击"确定"按钮，进入"参照生单"窗口。

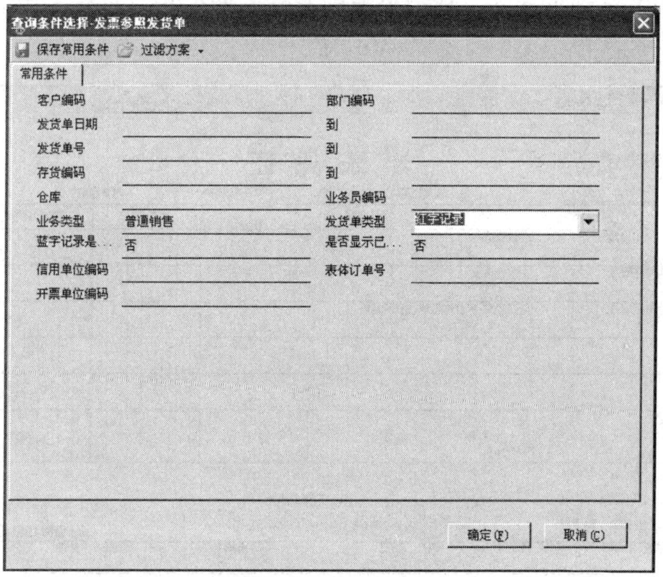

图5-48 红字发票参照退货单

③ 单击"全选"按钮，单击"OK 确定"按钮，生成红字专用销售发票。补充录入发票号，单击"保存"按钮。

④ 单击"复核"按钮，如图 5-49 所示。

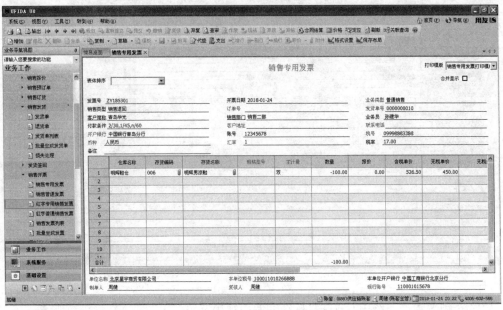

图 5-49 红字专用销售发票

(3) 在应收款管理系统中审核红字销售专用发票并制单

操作步骤 （微课视频：sy050903.swf）

① 在应收款管理系统中，执行"应收单据处理"|"应收单据审核"命令，对红字销售专用发票进行审核。

② 执行"制单处理"命令，选择发票制单，系统生成一张红字凭证，单击"保存"按钮，如图 5-50 所示。

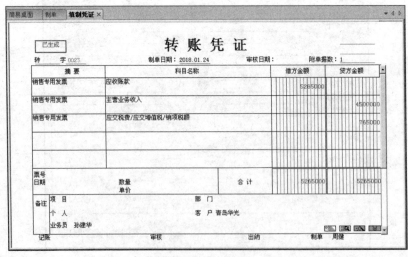

图 5-50 红字凭证

2. 第 2 笔销售退货业务

本笔业务属于已经发货尚未开票的全额退货业务。首先需要输入销售订单，根据销售订单生成发货单，系统自动生成销售出库单；退货后需要输入退货单，系统根据退货单自动生成红字销售出库单。

(1) 在销售管理系统中填制发货单并审核

操作步骤　**(微课视频：sy051001.swf)**

① 在销售管理系统中，执行"销售发货"|"发货单"命令，进入"发货单"窗口。

② 单击"增加"按钮，打开"查询条件选择-参照订单"对话框。单击"取消"按钮。

③ 手工录入发货单各项信息，单击"保存"按钮，再单击"审核"按钮，如图 5-51 所示。

图 5-51　手工录入发货单

(2) 在库存管理系统自动生成销售出库单

操作步骤　**(微课视频：sy051002.swf)**

① 在库存管理系统中，执行"出库业务"|"销售出库单"命令，进入"销售出库单"窗口。

② 单击" "按钮，查看已生成的销售出库单并审核。

(3) 在销售管理系统中填制退货单并审核

操作步骤　**(微课视频：sy051003.swf)**

① 1 月 25 日，在销售管理系统中，执行"销售发货"|"退货单"命令，进入"退货单"窗口。

② 单击"增加"按钮,打开"查询条件选择-退货单参照发货单"窗口。单击"确定"按钮,进入"参照生单"窗口。

③ 选择上海明兴贸易公司 1 月 24 日的发货单,单击"确定"按钮,系统自动生成退货单,修改销售类型为"销售退回",单击"保存"按钮,再单击"审核"按钮,如图 5-52 所示。

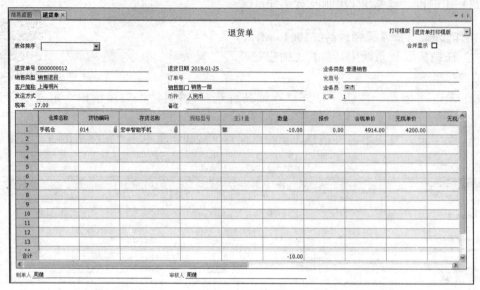

图 5-52　退货单

(4) 在库存管理系统中生成红字销售出库单并审核

操作步骤　(微课视频：sy051004.swf)

① 在库存管理系统中,执行"出库业务"|"销售出库单"命令,进入"销售出库单"窗口。

② 单击"➡"按钮,找到根据上海明兴贸易公司 25 日的发货单生成的红字销售出库单,单击"审核"按钮,审核销售出库单。

提示:

- 退货单上的存货数量应该为负数。
- 退货单可以参照销售订单、发货单生成,也可以直接手工输入。
- 退货单可以参照一张或多张发货单记录生成,如果销售选项设置为"普通销售必有订单",则退货单必须参照原发货单或订单生成。
- 参照销售订单生成的退货单或手工输入的退货单可以生成红字发票。
- 参照发货单生成的退货单直接冲减原发货单数量,因而该退货单无法生成红字销售发票,但该退货单可以在"发货单列表"中查询。
- 如果销售选项中设置了"销售生成出库单",则发货单审核时自动生成销售出库单;退货单审核时自动生成红字销售出库单。

3. 第3笔销售退货业务

本笔退货业务属于开票直接销售的退货业务，并且已经现结收取款项。因此，根据原始业务即实验二中的第1笔业务的处理，本笔业务需要手工输入退货单、开具或生成红字专用销售发票、生成红字销售出库单、冲减收入和收取的款项。

(1) 在销售管理系统中填制并审核退货单 **(微课视频：sy051101.swf)**

在销售管理系统中，执行"销售发货"|"退货单"命令，手工填制一张退货单，存货"003 明辉女凉鞋"，数量"-10"，无税单价为 400 元，单击"审核"按钮。

(2) 在销售管理系统中生成红字专用销售发票并复核

操作步骤 （微课视频：sy051102.swf）

① 执行"销售开票"|"红字专用销售发票"命令，进入"红字销售专用发票"窗口。

② 单击"增加"按钮，打开"查询条件选择-发票参照发货单"对话框。发货单类型选择"红字记录"。单击"确定"按钮，进入"参照生单"窗口。

③ 选择要参照的发货单，单击"OK 确定"按钮，生成红字专用销售发票。补充录入发票号，单击"保存"按钮。

④ 单击"现结"按钮，打开"现结"对话框。输入结算方式为"现金支票"，结算号为 XJ010，并输入负数结算金额即退款金额(-4680 元)，如图 5-53 所示。单击"确定"按钮。

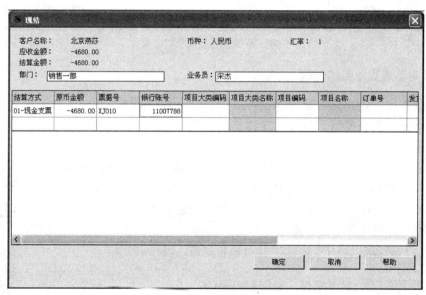

图 5-53 销售退款现结

⑤ 单击"复核"按钮。

(3) 在库存管理系统中生成红字销售出库单并审核 **(微课视频：sy051103.swf)**

在库存管理系统中,执行"出库业务"|"销售出库单"命令,进入"销售出库单"窗口。找到根据退货单生成的红字销售出库单,单击"审核"按钮。

(4) 在应收款管理系统中审核红字销售专用发票并制单

操作步骤 **(微课视频:sy051104.swf)**

① 启动应收款管理系统,执行"应收单据处理"|"应收单据审核"命令,对已现结红字销售专用发票进行审核。

② 执行"制单处理"命令,选择"现结制单",根据红字销售专用发票自动生成了一张红字收款凭证,如图 5-54 所示。

图 5-54 第 3 笔退货业务红字凭证

4. 第 4 笔退货业务的处理

本笔业务属于先开票后发货的销售退货业务。本笔业务需要手工输入退货单、开具或生成红字专用销售发票、生成红字销售出库单、冲减收入和应收账款,并冲销已经结转的销售成本。

(1) 在销售管理系统中填制退货单并审核 **(微课视频:sy051201.swf)**

在销售管理系统中,执行"销售发货"|"退货单"命令,手工填制一张退货单,存货"002 明辉女休闲鞋",数量"-20",无税单价"650"元,单击"保存"按钮,再单击"审核"按钮。

(2) 在销售管理系统中生成红字专用销售发票,现结并复核

操作步骤略。 **(微课视频:sy051202.swf)**

(3) 在库存管理系统中生成红字销售出库单并审核

操作步骤略。 **(微课视频:sy051203.swf)**

(4) 在应收款管理系统中审核现结红字销售专用发票并进行现结制单

操作步骤略。 **(微课视频：sy051204.swf)**

(1) 在存货核算系统中记账并生成冲销结转成本凭证

操作步骤 **(微课视频：sy051205.swf)**

① 在存货核算系统中，执行"业务核算"|"正常单据记账"命令，打开"查询条件选择"对话框。单击"确定"按钮，进入"未记账单据一览表"窗口。

② 选择明辉鞋仓女休闲鞋销售专用发票记录行，单击"记账"按钮，进入"手工输入单价列表"窗口。

③ 手工输入明辉女休闲鞋的单价为 650 元，如图 5-55 所示。

图 5-55 手工输入单价

④ 单击"确定"按钮，系统弹出"记账成功"信息提示框，单击"确定"按钮返回。

⑤ 执行"财务核算"|"生成凭证"命令，选择"销售专用发票"，自动生成一张红字凭证，冲销已结转的销售成本，如图 5-56 所示。

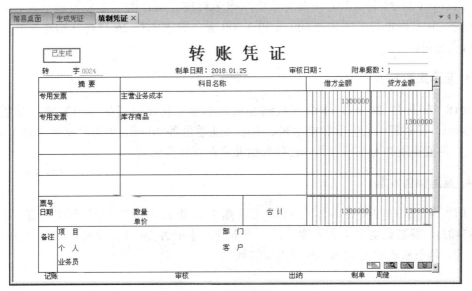

图 5-56 冲销结转销售成本凭证

5. 账套输出

全部完成后,将账套输出至"5-3 销售退货业务"文件夹中。

实验四　直运销售业务

🔊 实验准备

已经完成第 5 章实验三的操作,或者引入"5-3 销售退货业务"账套备份数据。以 111 操作员(密码为 1)的身份登录进行直运销售业务处理。

🎬 实验内容

- 直运销售业务处理

📖 实验资料

1. 直运销售订货

2018 年 1 月 25 日,北京燕莎百货公司向本公司订购宏丰非智能手机、宏丰智能手机各 20 部,报价分别为 2 200 元和 4 200 元。

2. 直运采购

2018 年 1 月 25 日,本公司向北京宏丰电子科技公司订购宏丰非智能手机、宏丰智能手机各 20 部,单价分别为 1 800 元和 3 700 元。要求本月 26 日将货物直接发给北京燕莎百货公司。

3. 直运采购发票

2018 年 1 月 26 日,本公司收到北京宏丰电子科技公司的专用发票,发票号为 ZY185401。发票载明宏丰非智能手机、宏丰智能手机各 20 部,单价分别为 1 800 元和 3 700 元,增值税税率为 17%。货物已经发给北京燕莎百货公司。

4. 直运销售发票

2018 年 1 月 26 日,本公司给北京燕莎百货公司开具销售专用发票(发票号 ZY185402),发票载明宏丰非智能手机、宏丰智能手机各 20 部,单价分别为 2 200 元和 4 200 元,增值税税率为 17%,款项尚未收到。

5. 直运单据记账并结转成本

将以上直运业务单据记账并结转成本。

实验指导

直运业务是指商品无须入库即可完成的购销业务。客户向本公司订购商品，双方签订购销合同；本公司向供应商采购客户所需商品，与供应商签订采购合同；供应商直接将商品发运给客户，结算时，由购销双方分别与企业结算。直运业务包括直运销售业务与直运采购业务，没有实物的出入库，货物流向是直接从供应商到客户，财务结算通过直运销售发票、直运采购发票进行。

直运销售的存货一般为大型机械、设备等不宜运输的存货，本实验仅以手机为模拟案例。

1. 直运销售订货

操作步骤 （微课视频：sy051301.swf）

① 在销售管理系统中，执行"销售订货"|"销售订单"命令，进入"销售订单"窗口。

② 单击"增加"按钮，修改业务类型为"直运销售"，输入其他内容，保存并审核该销售订单，如图5-57所示。

图5-57 直运销售订单

2. 直运采购订货

操作步骤 （微课视频：sy051401.swf）

① 在采购管理系统中，执行"采购订货"|"采购订单"命令，进入"采购订单"窗口。

② 单击"增加"按钮，选择业务类型为"直运采购"。单击"生单"按钮选择"销售订单"，打开"查询条件选择-销售订单列表过滤"对话框。

③ 单击"确定"按钮，进入"拷贝并执行"窗口。选择要参照的直运销售订单，单击"OK 确定"按钮返回采购订单窗口。

④ 选择供应商"北京宏丰"；输入原币单价1800和3700，修改计划到货日期为"2018-01-26"，保存并审核这张采购订单，如图5-58所示。

图 5-58　直运采购订单

3. 直运采购发票

操作步骤　(微课视频：sy051501.swf)

① 在采购管理系统中，执行"采购发票"|"专用采购发票"命令，进入"专用发票"窗口。

② 单击"增加"按钮，修改业务类型为"直运采购"。单击"生单"按钮选择"采购订单"，打开"查询条件选择-采购订单列表过滤"窗口。

③ 单击"确定"按钮，进入"拷贝并执行"窗口。选择要参照的直运采购订单，单击"OK 确定"按钮，返回"专用发票"窗口。

④ 补充录入发票号，单击"保存"按钮，如图 5-59 所示。

4. 开具直运销售发票，确认应收

(1) 开具直运销售发票

操作步骤　(微课视频：sy051601.swf)

① 在销售管理系统中，执行"销售开票"|"销售专用发票"命令，进入"销售专用发票"窗口。

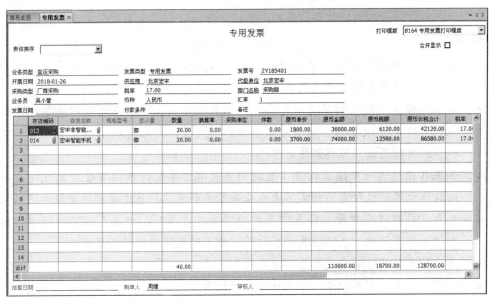

图 5-59　直运采购专用发票

② 单击"增加"按钮,打开"查询条件选择-发票参照发货单"对话框,单击"取消"按钮。

③ 选择业务类型为"直运销售",单击"生单"按钮选择"参照订单",打开"查询条件选择-参照订单"对话框。选择客户"001 北京燕莎百货公司",单击"确定"按钮,进入"参照生单"窗口。

④ 选择要参照的直运销售订单,单击"OK 确定"按钮,生成销售专用发票。修改发票号为 ZY185402。单击"保存"按钮,再单击"复核"按钮,确认直运销售业务完成,如图 5-60 所示。

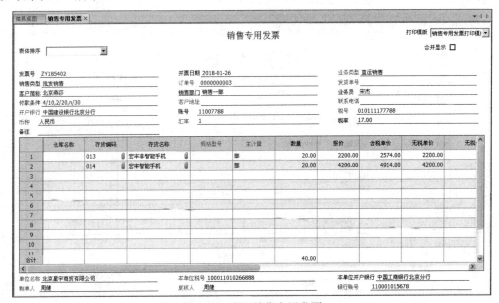

图 5-60　直运销售专用发票

提示：

- 对于直运业务的销售订单、采购订单、采购发票、销售发票，其采购类型为直运采购，销售类型为直运销售。
- 如果选择了"直运销售必有订单"，则直运销售发票和直运采购发票都只能参照销售订单生成发票；如果需要手工开具发票，则应先取消"直运销售必有订单"，同时还必须删掉销售订单。
- 如果在销售选项中没有设置"直运销售必有订单"，在销售管理系统中没有输入销售订单，这种直运模式下直运采购发票和直运销售发票可以互相参照。
- 如果在销售选项中没有设置"直运销售必有订单"，但是已经输入销售订单，则仍然需要按照"直运销售必有订单"模式的数据流程进行操作。
- 直运销售与直运采购发票上都不能输入仓库。
- 直运销售发票不可以录入受托代销属性的存货。
- 一张直运销售发票可以对应多张直运采购发票，可以拆单、拆记录。
- 一张直运采购发票也可以对应多张直运销售发票，可以拆单、拆记录。

(2) 确认直运业务应收账款

操作步骤 (微课视频：sy051602.swf)

① 在应收款管理系统中，执行"应收单据处理"|"应收单据审核"命令，审核直运销售发票。

② 执行"制单处理"命令，选择"发票制单"，生成直运销售凭证；修改凭证类型为"转账凭证"，单击"保存"按钮，如图 5-61 所示。

图 5-61 确认直运业务应收

> **提示**：
> - 直运采购业务生成的直运采购发票在应付款管理系统中审核，但不能在此制单，其制单操作在存货核算系统中进行。
> - 直运销售业务生成的直运销售发票在应收款管理系统中审核并制单，其销售成本的结转需要在存货核算系统中进行。

5. 直运单据记账并结转成本

已经审核的直运采购发票和直运销售发票需要在存货核算系统记账后，才能结转直运采购成本和直运销售成本。

操作步骤 （微课视频：sy051701.swf）

① 在应付款管理系统中，执行"应付单据处理"|"应付单据审核"命令，审核直运采购发票。

② 在存货核算系统中，执行"业务核算"|"直运销售记账"命令，打开"直运采购发票核算查询条件"对话框，如图 5-62 所示。

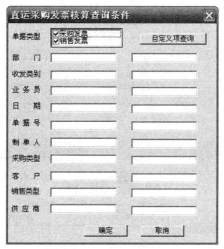

图 5-62 "直运采购发票核算查询条件"对话框

③ 选择要记账的单据类型，单击"确定"按钮，进入"直运销售记账"窗口，如图 5-63 所示。

④ 选择要记账的单据记录，单击"记账"按钮，已记账单据不在界面中显示。

⑤ 执行"财务核算"|"生成凭证"命令，进入"生成凭证"窗口。

⑥ 单击"选择"按钮，打开"查询条件"对话框。选择"(25)直运采购发票"和"(26)直运销售发票"，单击"确定"按钮，进入"选择单据"窗口。选择要生成凭证的单据，单击"确定"按钮，返回"生成凭证"窗口，如图 5-64 所示。

用友ERP供应链管理系统实验教程(U8 V10.1)(微课版)

简易桌面	未记账单据一览表 ×									
				直运销售记账						
记录总数：4										
选择	日期	单据号	存货编码	存货名称	规格型号	收发类别	单据类型	数量	单价	金额
	2018-01-26	ZY185401	013	宏丰非智能手机		采购入库	采购发票	20.00	1,800.00	36,000.00
	2018-01-26	ZY185401	014	宏丰智能手机		采购入库	采购发票	20.00	3,700.00	74,000.00
	2018-01-26	ZY185402	013	宏丰非智能手机		销售出库	专用发票	20.00		
	2018-01-26	ZY185402	014	宏丰智能手机		销售出库	专用发票	20.00		
小计								80.00		110,000.00

图 5-63 "直运销售记账"窗口

简易桌面	生成凭证 ×											
凭证类别	转 转账凭证											
选择	单据类型	单据号	摘要	科目类型	科目编码	科目名称	借方金额	贷方金额	借方数量	贷方数量	科目方向	存货编码	存货名称
1	采购发票	ZY185401	采购发票	存货	1405	库存商品	36,000.00			20.00	1	013	宏丰非智...
				税金	22210101	进项税额	6,120.00			20.00	1	013	宏丰非智...
				应付	220201	应付货款		42,120.00		20.00	2	013	宏丰非智...
				存货	1405	库存商品	74,000.00			20.00	1	014	宏丰智能手机
				税金	22210101	进项税额	12,580.00			20.00	1	014	宏丰智能手机
				应付	220201	应付货款		86,580.00		20.00	2	014	宏丰智能手机
	专用发票	ZY185402	专用发票	对方	6401	主营业务成本	36,000.00			20.00	1	013	宏丰非智...
				存货	1405	库存商品		36,000.00		20.00	2	013	宏丰非智...
				对方	6401	主营业务成本	74,000.00			20.00	1	014	宏丰智能手机
				存货	1405	库存商品		74,000.00		20.00	2	014	宏丰智能手机
合计							238,700.00	238,700.00					

图 5-64 直运生成凭证

⑦ 将科目补充完整，单击"生成"按钮，生成直运销售结转成本凭证，单击"保存"按钮，如图 5-65 所示。

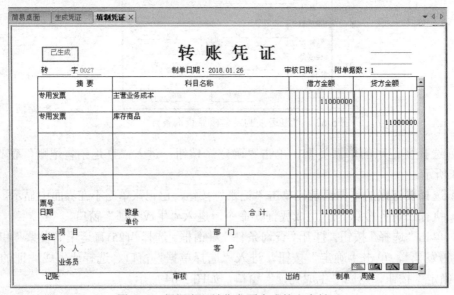

图 5-65 根据直运销售发票生成的出库凭证

⑧ 单击"下张"按钮，生成直运采购凭证，如图 5-66 所示。

图 5-66 根据直运采购发票生成的凭证

> **提示：**
> - 根据直运采购发票生成的直运销售发票，必须在直运采购发票记账后再对直运销售发票记账。
> - 根据直运采购发票或直运销售发票记入明细账时，仓库和所属部门均为空。

6. 账套备份

全部完成后，将账套输出至"5-4 直运销售"文件夹中。

实验五 分期收款销售业务

实验准备

已经完成第 5 章实验四的操作，或者引入"5-4 直运销售"账套备份数据。以 111 操作员(密码为 1)的身份登录 888 账套进行分期收款销售业务处理。

实验内容

- 填制分期收款销售订单
- 生成分期收款发货单

- 开具分期收款销售发票
- 确认收入和应收账款
- 账套输出

实验资料

1. 分期收款销售业务 1

2018年1月26日，上海明兴贸易公司向本公司订购300个兰宇女式钱包，150个男式钱包，本公司报价均为205元。经双方协商，以200元成交，双方签订销售合同。双方约定，一次发货，分3期收款。当日全部发货。

2018年1月26日，本公司开具销售专用发票(ZY185501)，确认价税款。

2018年1月27日，收到上海明兴贸易公司电汇(DH0215555)，支付第1期款项35 100元。

2. 分期收款销售业务 2

2018年1月27日，上海明兴贸易公司向本公司订购10部宏丰智能手机，无税单价4 200元，双方签订销售合同，合同约定分两次收款。

28日，本公司给上海明兴贸易公司发出10部宏丰智能手机，本公司开具销售专用发票(ZY185502)，并结转销售成本。28日收到上海明兴贸易公司的电汇(DH0216666)，金额24 750元，系支付第1期分期收款业务的款项。

实验指导

分期收款销售业务是指将货物一次发给客户，分期收回货款。其特点是一次发货，分次收款。分期收款销售业务的订货、发货、出库、开票等处理与普通销售业务相同，只是业务类型应选择"分期收款"。分期收款开具销售发票时，结转销售成本。

分期收款销售业务的处理流程为：

(1) 销售管理系统——填制并审核分期收款订单。
(2) 销售管理系统——生成分期收款发货单。
(3) 销售管理系统——生成分期收款发票。
(4) 应收款管理系统——确认分期收款销售收入。
(5) 库存管理系统——生成分期收款出库单。
(6) 存货核算系统——发票记账并结转成本。

1. 第 1 笔分期收款业务处理

(1) 输入分期收款销售订单

操作步骤　（微课视频：sy051801.swf）

① 在销售管理系统中，执行"销售订货"|"销售订单"命令，进入

"销售订单"窗口。

② 单击"增加"按钮，选择业务类型为"分期收款"，销售类型为"批发销售"，输入表头和表体的其他信息。单击"保存"按钮。

③ 单击"审核"按钮，如图5-67所示。

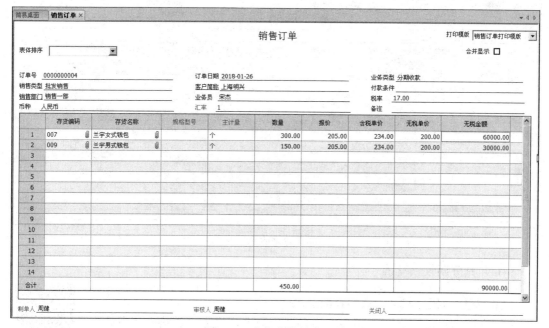

图5-67 分期收款销售订单

(2) 根据订单生成分期收款发货单

操作步骤 （微课视频：sy051802.swf）

① 执行"销售发货"|"发货单"命令，进入"发货单"窗口。

② 单击"增加"按钮，打开"查询条件选择-参照订单"对话框。单击"取消"按钮。

③ 选择业务类型为"分期收款"，单击"订单"按钮，打开"查询条件选择-参照订单"对话框。单击"确定"按钮，进入"参照生单"窗口。

④ 选择上海明兴贸易公司的订单，单击"OK确定"按钮，生成销售发货单。输入仓库为"兰宇箱包仓"。单击"保存"按钮，再单击"审核"按钮，如图5-68所示。

(3) 生成分期收款销售出库单

操作步骤 （微课视频：sy051803.swf）

① 在库存管理系统中，执行"出库业务"|"销售出库单"命令，进入"销售出库单"窗口。

② 找到根据分期收款发货单生成的销售出库单，单击"审核"按钮。

图 5-68 分期收款发货单

(4) 开具分期收款发票

操作步骤 （微课视频：sy051804.swf）

① 执行"销售开票"|"销售专用发票"命令，进入"销售专用发票"窗口。

② 单击"增加"按钮，打开"查询条件选择-发票参照发货单"对话框。选择业务类型"分期收款"，如图 5-69 所示，单击"确定"按钮，进入"参照生单"窗口。

图 5-69 选择业务类型为"分期收款"

③ 选择客户为"上海明兴贸易公司"的本笔业务的发货单,单击"确定"按钮,生成销售发票,补充录入发票号 ZY185501。修改完毕单击"保存"按钮,再单击"复核"按钮。

(5) 确认销售收入

操作步骤 (微课视频:sy051805.swf)

① 在应收款管理系统中,执行"应收单据处理"|"应收单据审核"命令,审核分期收款销售专用发票。

② 执行"制单处理"命令,选择"发票制单",生成确认收入的转账凭证,如图 5-70 所示。

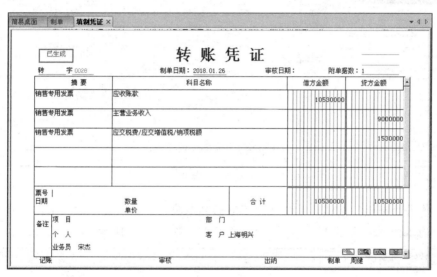

图 5-70 分期收款确认收入凭证

提示:

- 以分期收款销售方式发出商品、开具销售专用发票并确认收入后,应该立即结转销售成本。由于本实验中的兰宇钱包采用全月加权平均法核算成本,因此,只能在月末才能结转销售成本,故此例中不涉及销售成本的结转。
- 分期收款销售业务成本的结转与普通销售业务类似,有关单据需要在存货核算系统中记账后,才能结转销售成本。

(6) 收款核销

操作步骤 (微课视频:sy051806.swf)

① 在应收款管理系统中,执行"收款单据处理"|"收款单据录入"命令,进入"收款单"窗口。

② 单击"增加"按钮，输入结算方式为电汇，客户为"上海明兴贸易公司"，结算金额为35 100元，票据号"DH0215555"。单击"保存"按钮，如图5-71所示。

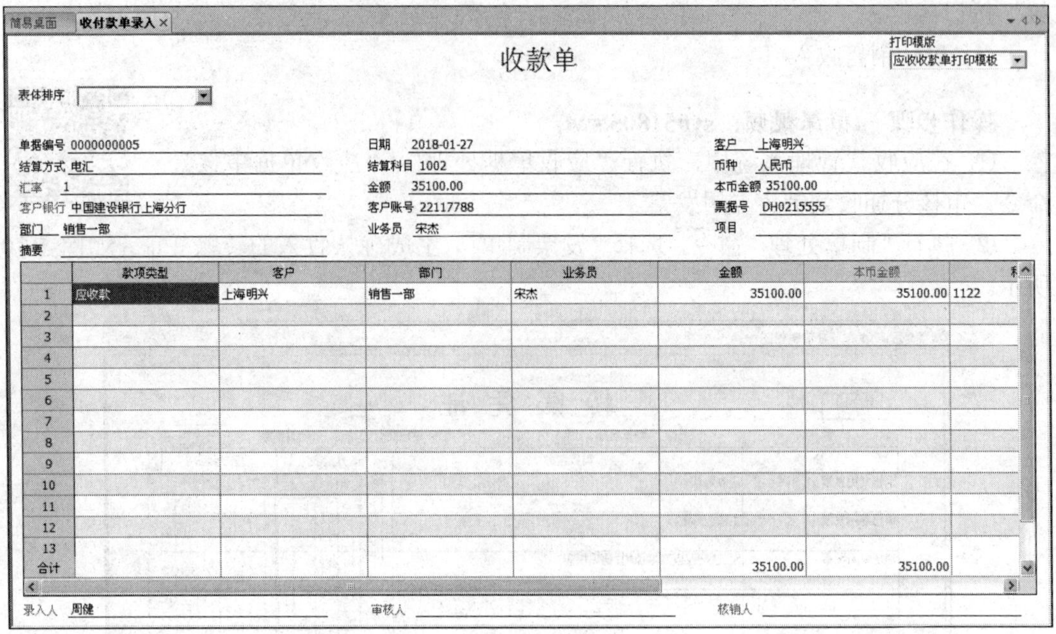

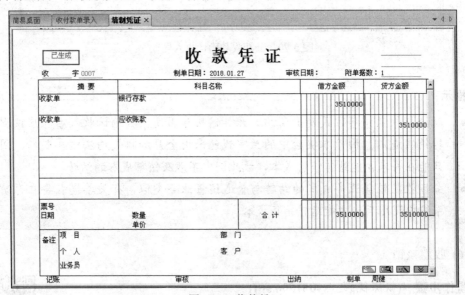

图5-71 收款单

③ 单击"审核"按钮，系统弹出"立即制单吗？"信息提示框。单击"是"按钮，系统自动生成一张收款凭证，单击"保存"按钮，如图5-72所示。

图5-72 收款凭证

提示：

- 分期收款销售如果采用多次发货，一次收取货款，则在应收款管理系统中输入收款单后，还需要进行核销处理，即对同一客户的应收单和收款单进行核销，以冲销应收账款。
- 核销应收单与收款单时可以采用手工核销的方法，也可以采用自动核销的方法。
- 如果存货采用先进先出法等可以随时结转销售成本的核算方法，则每次出库后，应该结转销售成本。

④ 关闭当前窗口。在收付款单录入界面，单击"核销"按钮，进入"单据核销"窗口。在本币业务销售专用发票本次结算栏输入"35 100"，如图 5-73 所示。单击"保存"按钮，完成核销。

图 5-73 核销部分应收账款

2. 第 2 笔分期收款业务的处理

本笔业务属于分期收款业务，本期签订分期收款销售合同，因此需要输入分期收款销售订单，生成分期收款发货单；同时开具分期收款发票并现结，确认第 1 次收入并制单，生成分期收款销售出库单，并结转销售成本。

(1) 在销售管理系统中录入分期收款销售订单并审核

操作步骤略。 (微课视频：sy051901.swf)

(2) 在销售管理系统中参照分期收款订单生成发货单并审核

操作步骤略。 (微课视频：sy051902.swf)

(3) 在库存管理系统中生成销售出库单并审核

操作步骤略。 (微课视频：sy051903.swf)

(4) 在存货核算系统中记账并结转销售成本

操作步骤　（微课视频：sy051904.swf）

① 在存货核算系统中，执行"业务核算"|"发出商品记账"命令，打开"查询条件选择"对话框。

② 选择业务类型为"分期收款"，单据类型为"发货单"，如图 5-74 所示。

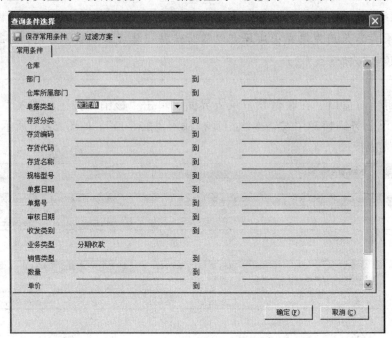

图 5-74　发出商品"查询条件选择"对话框

③ 单击"确定"按钮，进入"未记账单据一览表"窗口，选择手机仓 2018 年 1 月 28 日的发货单，如图 5-75 所示。单击"记账"按钮。

选择	日期	单据号	仓库名称	收发类别	存货编码	存货代码	存货名称	规格型号	单据类型
	2018-01-26	0000000015	兰宇箱包仓	销售出库	007		兰宇女式钱包		发货单
	2018-01-26	0000000015	兰宇箱包仓	销售出库	009		兰宇男式钱包		发货单
Y	2018-01-28	0000000016	手机仓	销售出库	014		宏丰智能手机		发货单
小计									

图 5-75　"发出商品记账"窗口

④ 执行"财务核算"|"生成凭证"命令，单击"选择"按钮，打开"查询条件"对话框。选择"05　分期收款发出商品发货单"，单击"确定"按钮，进入"未生成凭证单据一览表"窗口，选择手机仓 2018 年 1 月 28 日的发货单，单击"确定"按钮，进入"生成凭证"窗口。

⑤ 选择"转账凭证"，单击"生成"按钮，生成结转成本凭证。保存凭证，如图 5-76 所示。

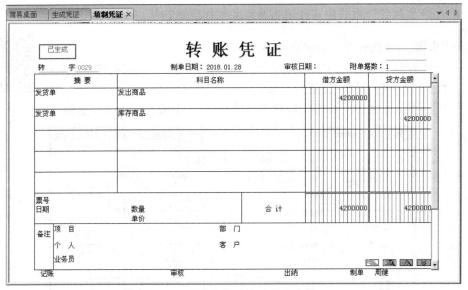

图 5-76　分期收款结转销售成本凭证

(5) 在销售管理系统中开具销售专用发票并进行现结

操作步骤　**(微课视频：sy051905.swf)**

① 在销售管理系统中，执行"销售开票"|"销售专用发票"命令，参照分期收款发货单开具本业务销售专用发票。

② 单击"现结"按钮，输入现结结算信息，结算应收金额的 50%，如图 5-77 所示。

③ 单击"确定"按钮，再单击"复核"按钮。

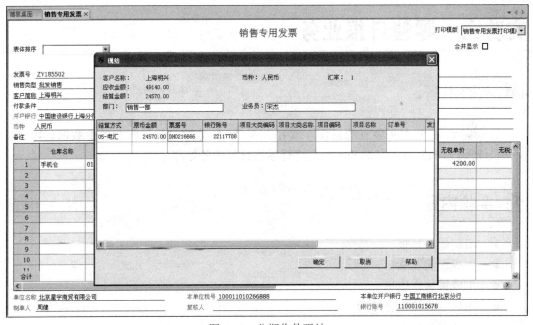

图 5-77　分期收款现结

(6) 在应收款管理系统中审核销售发票并进行现结制单

操作步骤 (微课视频：sy051906.swf)

① 在应收款管理系统中，执行"应收单据处理"|"应收单据审核"命令，对已现结销售专用发票进行审核。

② 执行"制单处理"命令，选择"现结制单"，生成收款凭证，如图5-78所示。

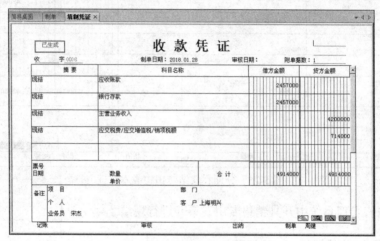

图5-78 分期收款现结制单

3. 账套输出

全部完成后，将账套输出至"5-5 分期收款"文件夹中。

实验六 零售日报业务

🔊 实验准备

已经完成第5章实验五的操作，或者引入"5-5 分期收款"账套备份数据。以111操作员(密码为1)的身份登录888账套进行零售日报业务处理。

📋 实验内容

- 填制销售日报
- 生成销售发货单
- 生成销售出库单
- 确认、收取销售款项
- 确认销售成本
- 账套输出

实验资料

1. 零售日报——先进先出法核算存货

2018 年 1 月 28 日，门市部累计向零散客户销售明辉鞋仓明辉女休闲鞋 200 双，单价 650 元；明辉男休闲鞋 50 双，单价 650 元；明辉男凉鞋 100 双，单价 450 元。全部为赊销。

2. 零售日报——全月平均法核算存货

2018 年 1 月 28 日，门市部累计向零散客户销售兰宇箱包仓的女式钱包 200 个，单价 200 元；男式钱包 30 个，单价 220 元。全部为赊销。

3. 零售日报——售价法核算存货

2018 年 1 月 28 日，门市部累计向零散客户销售手机仓中的宏丰非智能手机 10 部，单价 2 500 元。全部为现销（现金支票 XJ112255），金额 29 250 元，款项全额收讫。

实验指导

零售日报业务即是零售业务，是处理商业企业将商品销售给零售客户的销售业务。零售业务是根据相应的销售票据，按日汇总数据，然后通过零售日报进行处理。

零售日报业务的处理流程如图 5-79 所示。

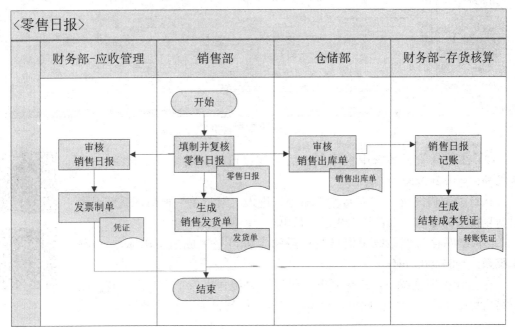

图 5-79 零售日报业务流程

1. 第1笔零售业务的处理

本笔业务需要在销售管理系统中填制、复核零售日报，生成销售发货单；在库存管理系统中审核销售出库单，在存货核算系统中对零售日报记账并确认销售成本；在应收款管理系统中审核零售日报并确认收入和应收款项。

(1) 在销售管理系统中填制并复核零售日报

操作步骤　(微课视频：sy052001.swf)

① 在销售管理系统中，执行"零售日报"|"零售日报"命令，进入"零售日报"窗口。

② 单击"增加"按钮，选择销售类型"门市零售"，客户"零散客户"，输入其他各项信息。单击"保存"按钮，再单击"复核"按钮，如图5-80所示。

图5-80 零售日报

(2) 在销售管理系统中根据复核后的零售日报自动生成发货单 (微课视频：sy052002.swf)

执行"销售发货"|"发货单"命令，进入"发货单"窗口，系统已经根据复核后的零售日报自动生成了发货单。

(3) 在库存管理系统中根据复核后的零售日报生成销售出库单 (微课视频：sy052003.swf)

在库存管理系统中，执行"出库业务"|"销售出库单"命令，找到根据零售日报生成的销售出库单，单击"审核"按钮，如图5-81所示。

第 5 章 销售管理

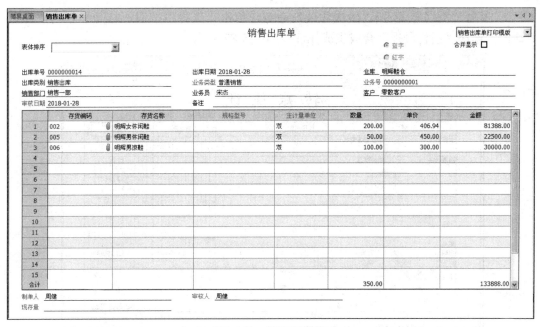

图 5-81 销售出库单

(4) 在存货核算系统中对销售日报记账，结转销售成本

操作步骤 （微课视频：sy052004.swf）

① 在存货核算系统中，执行"业务核算"|"正常单据记账"命令，打开"查询条件选择"对话框。选择单据类型"销售日报"，如图5-82所示。

图 5-82 选择零售日报记账

② 单击"确定"按钮，进入"未记账单据一览表"窗口。选择明辉鞋仓的零售日报记账。

③ 执行"财务核算"|"生成凭证"命令,单击"选择"按钮,打开"查询条件"对话框。选择"销售日报"合成生成凭证,如图 5-83 所示。

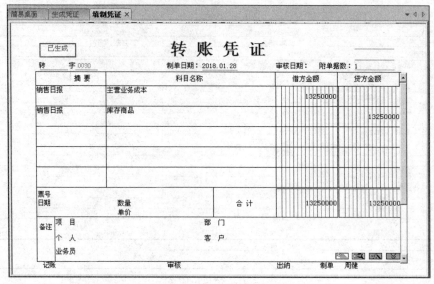

图 5-83　零售结转销售成本凭证

(5) 在应收款管理系统中审核销售零售日报并制单

操作步骤　(微课视频:sy052005.swf)

① 在应收款管理系统中,执行"应收单据处理"|"应收单据审核"命令,审核销售零售日报。

② 执行"制单处理"命令,选择"发票制单",生成零售日报确认收入的凭证,如图 5-84 所示。

图 5-84　零售确认收入凭证

第 5 章 销售管理

> 提示：
> - 新增销售零售日报时默认税率为零，可以修改。
> - 销售零售日报不能参照其他单据生成，只能手工输入。
> - 在销售零售日报界面的表体中，单击鼠标右键，可以查看保存后的销售零售日报的存货现存量、当前单据收款情况、预估毛利、对应发货单、对应出库单等。
> - 一张零售日报生成的发货单可以分仓库生成多张销售出库单。
> - 根据复核后的零售日报生成的发货单不能修改、删除，只能查询。

2. 第 2 笔零售业务的处理

本笔业务需要在销售管理系统中填制、复核零售日报，生成销售发货单；在库存管理系统中生成并审核销售出库单；在存货核算系统中对零售日报记账；在应收款管理系统中审核零售日报，确认收入并收款。

操作步骤

(1) 在销售管理系统中，执行"零售日报"|"零售日报"命令，填制零售日报并复核。**(微课视频：sy052101.swf)**

(2) 在库存管理系统中，执行"出库业务"|"销售出库单"命令，审核销售出库单。**(微课视频：sy052102.swf)**

(3) 在存货核算系统中，执行"业务核算"|"正常单据记账"命令，选择销售日报记账。**(微课视频：sy052103.swf)**

> 提示：
> 由于兰宇箱包仓采用的是全月一次加权平均计算成本，在此先不结转成本，待期末处理后再行结转。

(4) 在应收款管理系统中，执行"应收单据处理"|"应收单据审核"命令，审核销售零售日报。**(微课视频：sy052104.swf)**

(5) 在应收款管理系统中，执行"制单处理"命令，生成确认零售收入凭证。**(微课视频：sy052105.swf)**

3. 第 3 笔零售业务的处理

本笔业务需要在销售管理系统中填制、复核零售日报，生成销售发货单，在库存管理系统中审核销售出库单；在应收款管理系统中审核零售日报，确认收入并收款。

(1) 在销售管理系统中填制零售日报并现结。

操作步骤 *(微课视频：sy052201.swf)*

① 在销售管理系统中，执行"零售日报"|"零售日报"命令，填制零售日报并保存。

② 单击"现结"按钮，进行现结处理。

③ 单击"复核"按钮，对零售日报进行复核。

(2) 在库存管理系统中，执行"出库业务"|"销售出库单"命令，审核销售出库单。 *(微课视频：sy052202.swf)*

(3) 在存货核算系统中，执行"业务核算"|"正常单据记账"命令，选择销售日报记账。 *(微课视频：sy052203.swf)*

(4) 在应收款管理系统中，执行"应收单据处理"|"应收单据审核"命令，选择"包含已现结发票"单据审核，审核销售零售日报。 *(微课视频：sy052204.swf)*

(5) 在应收款管理系统中，执行"制单处理"命令，选择"现结"制单，生成确认零售收入、收取款项的凭证。 *(微课视频：sy052205.swf)*

4. 账套输出

全部完成后，将账套输出至"5-6 零售日报"文件夹中。

实验七　销售账表统计分析

实验准备

已经完成第 5 章实验六的操作，或者引入"5-6 零售日报"账套备份数据。以 111 操作员(密码为 1)的身份登录 888 账套进行销售账表查询与分析。

实验内容

- 查询本月销售统计表
- 查询本月发货统计表
- 查询本月销售综合统计表
- 查询本月销售收入明细账
- 查询本月销售成本明细账
- 对本月销售结构进行分析

- 销售毛利分析
- 商品销售市场分析
- 对本月销售情况进行综合分析

实验指导

销售管理系统通过“报表”菜单的各种账表提供多角度、多方位的综合查询和分析。销售管理系统可以查询和分析统计表、明细账、销售分析和综合分析。只有商业版的账套才能使用“综合分析”功能，否则，“综合分析”菜单不可见。

1. 查询本月销售统计表

销售管理系统提供的销售统计表能够查询销售金额、折扣、成本、毛利等数据，其中存货成本数据来源于存货核算系统；销售金额、折扣来自于销售管理系统的各种销售发票，包括蓝字发票、红字发票和销售日报等。

操作步骤 (微课视频：sy052301.swf)

① 启动销售管理系统，执行“报表”|“统计表”|“销售统计表”命令，打开“查询条件选择”对话框。

② 单击“确定”按钮，显示销售统计表，如图 5-85 所示。

简易桌面 销售统计表

销售统计表

开票日期： 2018-01-01 2018-01-31 **结算日期** 2018-01-01 2018-01-31

部门名称	业务员名称	存货名称	数量	单价	金额	税额	价税合计	折扣	成本	毛利
销售二部	孙建华	宏丰智能手机	45.00	4,200.00	189,000.00	32,130.00	221,130.00	5,265.00		189,000.00
销售二部	孙建华	明辉男凉鞋								
销售二部	孙建华	明辉男休闲鞋	100.00	650.00	65,000.00	11,050.00	76,050.00			65,000.00
销售二部	孙建华	兰宇男式钱包	300.00	200.00	60,000.00	10,200.00	70,200.00			60,000.00
销售二部	孙建华	明辉女休闲鞋	180.00	650.00	117,000.00	19,890.00	136,890.00		67,000.00	50,000.00
销售一部	宋杰	宏丰非智能手机	20.00	2,200.00	44,000.00	7,480.00	51,480.00		36,000.00	8,000.00
销售一部	宋杰	宏丰智能手机	20.00	4,200.00	84,000.00	14,280.00	98,280.00		74,000.00	10,000.00
销售一部	宋杰	明辉男凉鞋	150.00	450.00	67,500.00	11,475.00	78,975.00		45,000.00	22,500.00
销售一部	宋杰	明辉女凉鞋	90.00	400.00	36,000.00	6,120.00	42,120.00			36,000.00
销售一部	宋杰	明辉女休闲鞋	100.00	650.00	65,000.00	11,050.00	76,050.00		40,000.00	25,000.00
销售一部	宋杰	明辉女正装鞋	50.00	500.00	25,000.00	4,250.00	29,250.00		17,500.00	7,500.00
销售一部	宋杰	宏丰非智能手机	10.00	2,500.00	25,000.00	4,250.00	29,250.00		18,000.00	7,000.00
销售一部	宋杰	兰宇男式钱包	30.00	220.00	6,600.00	1,122.00	7,722.00			6,600.00
销售一部	宋杰	兰宇女式钱包	200.00	200.00	40,000.00	6,800.00	46,800.00			40,000.00
销售一部	宋杰	明辉男凉鞋	100.00	450.00	45,000.00	7,650.00	52,650.00		30,000.00	15,000.00
销售一部	宋杰	明辉男休闲鞋	50.00	650.00	32,500.00	5,525.00	38,025.00		22,500.00	10,000.00
销售一部	宋杰	明辉女休闲鞋	200.00	650.00	130,000.00	22,100.00	152,100.00		80,000.00	50,000.00
销售一部	宋杰	宏丰智能手机	10.00	4,200.00	42,000.00	7,140.00	49,140.00			42,000.00
销售一部	宋杰	兰宇男式钱包	450.00	200.00	90,000.00	15,300.00	105,300.00	877.50		90,000.00
销售一部	宋杰	兰宇女式钱包	300.00	200.00	60,000.00	10,200.00	70,200.00	1,755.00		60,000.00
			2,405.00	508.77	1,223,600.00	208,012.00	1,431,612.00	7,897.50	430,000.00	793,600.00

数据 图表 共20条 共20组，共1页

图 5-85 销售统计表

2. 查询本月发货统计表

销售管理系统提供的发货统计表可以统计存货的期初、发货、开票和结存等各项业务数据。其中根据发货单和退货单统计发货数量，根据销售发票、零售日报及其对应的红字发票统计结算数据。

操作步骤 (微课视频: sy052401.swf)

① 在销售管理系统中,执行"报表"|"统计表"|"发货统计表"命令,打开"查询条件选择"对话框。

② 单击"确定"按钮,显示发货统计表,如图 5-86 所示。

图 5-86 销售发货统计表

3. 查询本月销售综合统计表

销售管理系统提供的销售综合统计表可以查询企业的订货、发货、开票、出库和汇款等统计数据。它综合了销售订单、销售发货单、销售发票和销售出库单的相关信息。

操作步骤 (微课视频: sy052501.swf)

① 在销售管理系统中,执行"报表"|"统计表"|"销售综合统计表"命令,打开"查询条件选择"对话框。

② 单击"确定"按钮,显示销售综合统计表,如图 5-87 所示。

4. 查询本月销售收入明细账

销售管理系统提供的销售收入明细账可以查询各类销售发票(包括销售调拨单、零售日报、红字发票)的明细数据。与销售收入统计表相比,销售收入明细账提供的销售发票的查询信息更为详尽,包括票号、日期、数量、单价、对应的凭证号等,可以兼顾会计和业务的不同需要。

操作步骤 (微课视频: sy052601.swf)

① 执行"报表"|"明细表"|"销售收入明细账"命令,打开"查询

条件选择"对话框。

② 单击"确定"按钮，显示销售收入明细账，如图 5-88 所示。

图 5-87　销售综合统计表

图 5-88　销售收入明细账

5. 查询本月销售成本明细账

销售管理系统提供的销售成本明细账可以查询各种销售存货的销售成本情况。销售出库单、出库调整单、销售发票提供销售成本明细账的数据来源。销售成本明细账比销售收入统计表提供的存货销售成本的信息更为详尽,可以兼顾会计和业务的不同需要。如果没有启用总账系统和存货核算系统,则无法查询销售成本明细账。

操作步骤 (微课视频:sy052701.swf)

① 执行"报表"|"明细表"|"销售成本明细账"命令,打开"查询条件选择"对话框。

② 单击"确定"按钮,显示销售成本明细账,如图 5-89 所示。

图 5-89 销售成本明细账

6. 销售结构分析

销售结构分析可以按照不同分组条件,例如客户、业务员、存货等对任意时间段的销售构成情况进行分析。按照存货分别可以统计发出的货物占整个发货数量的百分比、各类发出货物的销售收入占全部销售收入的百分比、发出货物的销售额占销售总金额的百分比等数据。在这种条件下,还可以分析货物是否滞销。

操作步骤 (微课视频:sy052801.swf)

① 执行"报表"|"销售分析"|"销售结构分析"命令,打开"查询条件选择"对话框。

② 单击"确定"按钮,显示销售结构分析表,如图 5-90 所示。

7. 销售毛利分析

销售管理系统提供的销售毛利分析可以统计货物在不同期间的毛利变动及其影响原因。

操作步骤 (微课视频:sy052901.swf)

① 执行"报表"|"销售分析"|"销售毛利分析"命令,打开"查询条件选择"对话框。

② 单击"确定"按钮,显示销售毛利分析表,如图 5-91 所示。

图 5-90 销售结构分析表

图 5-91 商品销售毛利分析表

8. 商品销售市场分析

销售管理系统的市场分析可以反映某一时间区间内部门或业务员所负责的客户或地区的销售及其回款情况，还可以反映已发货未开票的比例情况等。

操作步骤　(微课视频: **sy053001.swf**)

① 执行"报表"|"销售分析"|"市场分析"命令，打开"查询条件选择"窗口。

② 单击"确定"按钮，显示商品销售市场分析表，如图 5-92 所示。

简易桌面 | 市场分析 ×

市场分析

时间： 2018-01-01 2018-01-30

客户	发货金额	发货金额%	发货价税合计	发货价税合计%	开票金额	开票金额%	开票价税合计	开票价税合计%	应收余额	应收金额%
北京燕莎百货公司	126,000.00	13.02%	147,420.00	13.02%	321,500.00	26.27%	376,155.00	26.27%	179,010.00	17.74%
零散客户	279,100.00	28.83%	326,547.00	28.83%	279,100.00	22.81%	326,547.00	22.81%	297,297.00	29.46%
青岛市华光百货公司	254,000.00	26.24%	297,180.00	26.24%	254,000.00	20.76%	297,180.00	20.76%	297,680.00	29.50%
上海明兴贸易公司	192,000.00	19.83%	224,640.00	19.83%	192,000.00	15.69%	224,640.00	15.69%	164,970.00	16.35%
郑州丹尼斯百货公司	117,000.00	12.09%	136,890.00	12.09%	177,000.00	14.47%	207,090.00	14.47%	70,200.00	6.96%
总计	968,100.00	100.00%	1,132,677.00	100.00%	1,223,600.00	100.00%	1,431,612.00	100.00%	1,009,157.00	100.00%

图 5-92　商品销售市场分析表

9. 综合分析

销售综合分析可以分为动销分析、商品周转率分析、畅适销分析和经营状况分析等。

1) 动销分析

动销分析可以按商品/部门分析任意时间段销售货物中的动销率及其未动销货物的时间构成。

操作步骤　(微课视频：sy053101.swf)

① 执行“报表”|“综合分析”|“动销分析”命令，打开“查询条件选择”对话框。

② 单击“确定”按钮，显示动销分析表，如图 5-93 所示。

简易桌面 | 动销分析 ×

动销分析

日期：

存货名称	规格型号	经营品种数	动销品种	未动销品种	动销率
明辉女正装鞋		1.00	1.00		100.00%
明辉女休闲鞋		1.00	1.00		100.00%
明辉女凉鞋		1.00		1.00	
明辉男正装鞋		1.00		1.00	
明辉男休闲鞋		1.00	1.00		100.00%
明辉男凉鞋		1.00	1.00		100.00%
兰宇女式钱包		1.00	1.00		100.00%
兰宇女式单肩包		1.00		1.00	
兰宇男式钱包		1.00	1.00		100.00%
兰宇男式手提包		1.00		1.00	
伊梦非智能手机		1.00		1.00	
伊梦智能手机		1.00		1.00	
宏丰非智能手机		1.00	1.00		100.00%
宏丰智能手机		1.00	1.00		100.00%
总计		14.00	8.00	6.00	57.14%

数据　共14条 共1页

图 5-93　动销分析表

2) 商品周转率分析

商品周转率分析功能是分析某时间范围内某部门所经营商品的周转速度。如果选择周转率类别为发货周转率，则周转指发货；如果选择周转率类别为销售周转率，则周转指销售周转。

操作步骤　(微课视频：sy053102.swf)

① 执行“报表”|“综合分析”|“周转率分析”命令，打开“查询条

件选择"窗口。

② 分析年度"2018",分析日期"2018-01-01"到"2018-01-31",单击"确定"按钮,显示商品周转率分析表,如图 5-94 所示。

存货名称	规格型号	周转数量	周转次数	周转天数	月周转次数
明辉女正装鞋		50.00	0.16	193.50	0.16
明辉女休闲鞋		480.00	0.57	54.54	0.55
明辉女凉鞋		90.00	0.11	270.00	0.11
明辉男正装鞋					
明辉男休闲鞋		150.00	0.77	40.17	0.75
明辉男凉鞋		250.00	2.20	14.10	2.13
兰宇女式钱包		500.00	1.80	17.20	1.74
兰宇女式单肩包					
兰宇男式钱包		780.00	1.57	19.74	1.52
兰宇男式手提包					
伊梦非智能手机					
伊梦智能手机					
宏丰非智能手机		30.00	1.10	28.17	1.07
宏丰智能手机		75.00	1.48	21.01	1.43
总计		2,405.00	9.76	658.43	9.46

图 5-94 商品销售周转率分析表

提示:

- 销售管理系统的综合分析只能在商业版中使用,即新建账套时选择"企业类型"为"商业";而且销售管理系统与存货核算系统联合使用时,才可以使用综合分析功能。
- 周转率分析还可以在"条件过滤"窗口中选择"发货周转率"进行查询。
- 综合分析还包括畅适销分析和经营状况分析,其查询方法与其他分析方法类似。

第 6 章 库存管理

功能概述

用友 U8 库存管理主要是对企业存货的出入库及结存数量进行管理。库存管理可以单独使用，也可以与采购管理、销售管理、存货核算集成使用。

库存管理的主要功能包括：

(1) 日常收发存业务处理

库存管理系统的主要功能是对采购管理系统、销售管理系统及库存管理系统填制的各种出入库单据进行审核，并对存货的出入库数量进行管理。

除管理采购业务、销售业务形成的入库和出库业务外，还可以处理仓库间的调拨业务、盘点业务、组装拆卸业务、形态转换业务等。

(2) 库存控制

库存管理系统支持批次跟踪、保质期管理、委托代销商品管理、不合格品管理、现存量(可用量)管理、安全库存管理，对超储、短缺、呆滞积压、超额领料等情况进行报警。

(3) 库存账簿及统计分析

库存管理系统可以提供出入库流水账、库存台账、受托代销商品备查簿、委托代销商品备查簿、呆滞积压存货备查簿供用户查询，同时提供各种统计汇总表。

实验目的与要求

本章应从了解库存管理各种出入库业务、盘点业务和一些特殊业务等入手，进而了解库存管理与采购管理、销售管理、存货核算模块之间的关系。通过本章的学习，加深对 U8 库存管理系统的认识，了解企业中库存管理的重要作用。

教学建议

建议本章讲授 2 课时，上机操作练习 2 课时。

实验一 调拨与盘点

实验准备

已经完成第 1~5 章的所有实验内容，或引入"5-6 零售日报"账套备份数据，以 111 操作员(密码为 1)的身份登录 888 账套进行调拨与盘点业务处理。

实验内容

- 调拨业务处理
- 盘点业务处理

实验资料

1. 仓库调拨—转出

2018 年 1 月 28 日，由于明辉鞋仓漏水，将所有女正装鞋转移到兰宇箱包仓，以方便维修，由仓储部负责。

2. 仓库盘点

2018 年 1 月 30 日，仓储部李莉对明辉鞋仓中的所有存货进行盘点。仓库中的实际数量如表 6-1 所示。

表 6-1 仓库中的实际数量

仓库名称	存货名称	主计量单位	辅计量单位	换算率	分类名称	现存数量
明辉鞋仓	明辉女休闲鞋	双	箱	20.00	鞋	520
明辉鞋仓	明辉女凉鞋	双	箱	20.00	鞋	600
明辉鞋仓	明辉男正装鞋	双	箱	20.00	鞋	280
明辉鞋仓	明辉男休闲鞋	双	箱	20.00	鞋	50
明辉鞋仓	明辉男凉鞋	双	箱	20.00	鞋	100

3. 存货盘点

2018 年 1 月 30 日，仓储部对兰宇箱包仓中的存货兰宇男式钱包进行盘点，该钱包的实际库存数量为 22 个。经核查，兰宇男式钱包的参考成本 150 元/个。

实验指导

调拨指存货在仓库之间或部门之间变迁的业务。在同一个业务日期，相同的转入仓库并且相同的转出仓库的所有存货可以填列在一张调拨单上完成调拨业务的账面调动。

1. 第 1 笔业务处理

(1) 在库存管理系统中填制调拨单并审核

操作步骤　(微课视频：sy060101.swf)

① 在库存管理系统中，执行"调拨业务"|"调拨单"命令，进入"调拨单"窗口。

② 单击"增加"按钮，输入转出仓库"01 明辉鞋仓"、转入仓库"02 兰宇箱包仓"、出库类别"其他出库"、入库类别"其他入库"。

③ 选择存货"001 明辉女正装鞋"，调拨单底部显示明辉女休闲鞋现存量为"300"，在"数量"中输入"300"，单击"保存"按钮。

④ 单击"审核"按钮，审核调拨单，如图 6-1 所示。

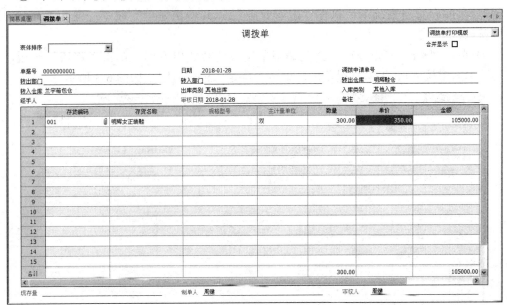

图 6-1　填制调拨单并审核

(2) 在库存管理系统中审核调拨单生成的其他出入库单

操作步骤 (微课视频：sy060102.swf)

① 在库存管理系统中，执行"入库业务"|"其他入库单"命令，进入"其他入库单"窗口。

② 单击"➡|"末张按钮，找到调拨单生成的其他入库单。单击"审核"按钮，弹出"该单据审核成功。"信息提示框，单击"确定"按钮返回，如图6-2所示。

图 6-2　审核调拨单生成的其他入库单

③ 在库存管理系统中，执行"出库业务"|"其他出库单"命令，进入"其他出库单"窗口。

④ 单击"➡|"末张按钮，找到调拨单生成的其他出库单。单击"审核"按钮，弹出"该单据审核成功。"信息提示框，单击"确定"按钮返回，如图6-3所示。

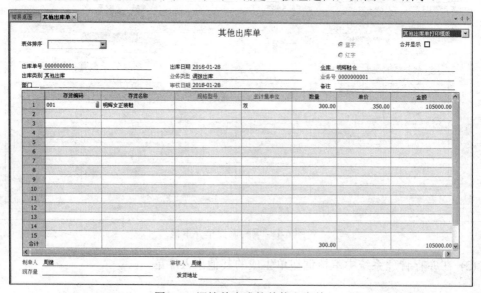

图 6-3　调拨单生成的其他出库单

(3) 在存货核算系统中进行特殊单据记账

操作步骤 (微课视频: sy060103.swf)

① 在存货核算系统中,执行"业务核算"|"特殊单据记账"命令,打开"特殊单据记账条件"对话框。

② 选择单据类型为"调拨单"。此处出库单金额应该来自于存货核算,建议选择"出库单上系统已填写的金额记账时重新计算"复选框,如图6-4所示。

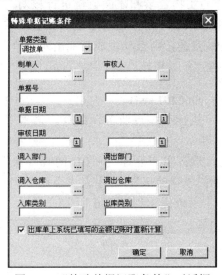

图6-4 "特殊单据记账条件"对话框

③ 单击"确定"按钮,进入"未记账单据一览表"窗口,如图6-5所示。

图6-5 特殊单据记账

如果要对该调拨单记账,可在表体中双击"选择"列再单击"记账"按钮。本例暂不记账。

提示:

- 在期初存货核算模块中设置存货按照仓库核算,那么此处转出仓库和转入仓库必须输入。
- 为了便于账表统计,选择出库类别和入库类别。

- 审核之后系统自动根据调出或调入，生成其他出库单和对应的其他入库单。如果调拨单被弃审，那么相应的其他出入库单自动被删除。
- 如果调拨单上转出部门和转入部门不同，即为部门之间调拨业务。

2. 第2笔业务处理

盘点是指将仓库中存货的实物数量和账面数量进行核对。根据记录的所有业务得到账面数量，在手工录入仓库中，实际库存数量即盘点数量，系统根据它们之间的差异，通过填制盘点单，判断盘亏或盘盈，再自动生成其他出入库单。

(1) 在库存管理中填制盘点单并审核

操作步骤 （微课视频：sy060201.swf）

① 在库存管理系统中，执行"盘点业务"命令，进入"盘点单"窗口。

② 单击"增加"按钮，选择盘点仓库为"01 明辉鞋仓"，出入库类别分别为"盘亏出库"和"盘盈入库"，部门"仓储部"，经手人"李莉"。

③ 单击"盘库"按钮，系统提示如图6-6所示。

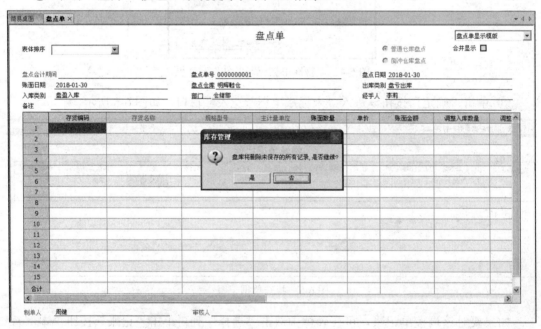

图6-6 选择"盘库"系统提示

④ 单击"是"按钮，打开"盘点处理"对话框。选择"按仓库盘点"单选按钮，如图6-7所示。

⑤ 单击"确认"按钮，系统自动将该仓库中存货和存货在该仓库中的账面数量逐一列出。按照实际盘点情况输入盘点数量。

第6章 库存管理

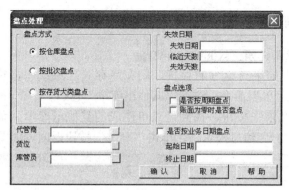

图6-7 "盘点处理"对话框

⑥ 单击"保存"按钮，保存该盘点单，如图6-8所示。

图6-8 输入盘点数量

⑦ 单击"审核"按钮，系统弹出"该单据审核成功。"信息提示框，单击"确定"按钮返回。

提示：

- 必须先选择仓库才能执行"盘库"或选择存货。
- 账面数量：系统根据存货自动带出，不得修改。
- 盘点数量：默认与账面数量一致。如果实际盘点数量与账面数量不一致，则根据实际盘点数量修改盘点数量一栏。
- 调整入库数量、调整出库数量：指从账面日到盘点日期间的出入库数量。
- 存货可以设置盘点周期和盘点时间，盘点时可以按周期进行盘点。

(2) 在库存管理中审核根据盘点单生成的其他出库单

操作步骤 （微课视频：sy060202.swf）

① 在盘点单上如果有盘亏的存货，则在库存管理系统中，执行"出库业务"|"其他出库单"命令，进入"其他出库单"窗口。

② 单击"➡|"末张按钮，找到盘点单生成的其他出库单。单击"审核"按钮，弹出"该单据审核成功。"信息提示框，单击"确定"按钮返回，如图6-9所示。

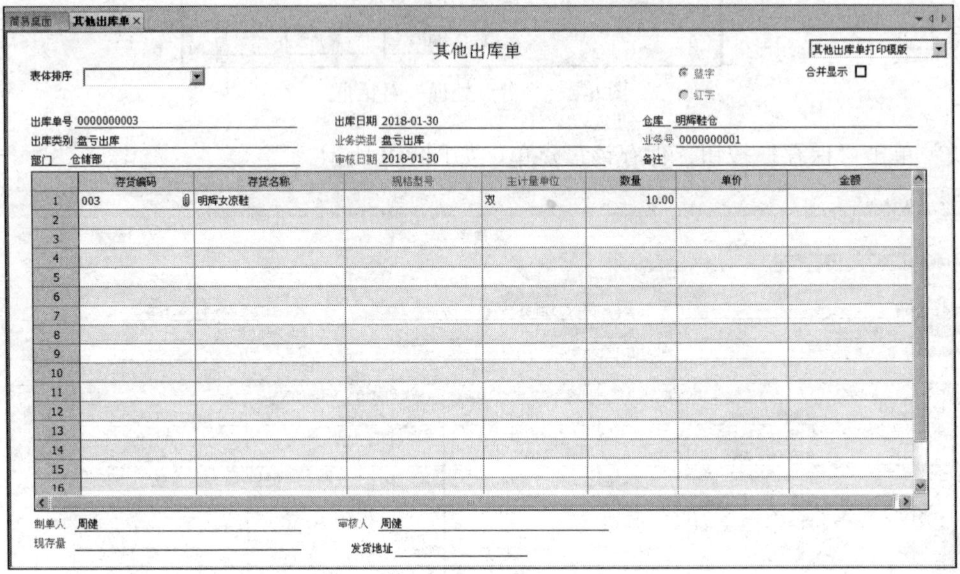

图 6-9　审核盘点单生成的其他出库单

(3) 在存货核算系统中对其他出库单进行记账生成凭证

操作步骤 （微课视频：sy060203.swf）

① 执行"业务核算"|"正常单据记账"命令，打开"查询条件选择"对话框。

② 选择仓库"01 明辉鞋仓"，单击"确定"按钮，进入"正常单据记账列表"出库。

③ 选中盘亏出库形成的其他出库单记录，单击"记账"按钮，系统弹出"记账成功。"信息提示框，单击"确定"按钮返回。

④ 执行"财务核算"|"生成凭证"命令，对盘点单生成的其他出库单生成凭证，如图6-10所示。

3. 第3笔业务处理

本例为针对某种存货进行盘点。

(1) 在库存管理中填制盘点单并审核

操作步骤 （微课视频：sy060301.swf）

① 在库存管理系统中，执行"盘点业务"命令，进入"盘点单"窗口。

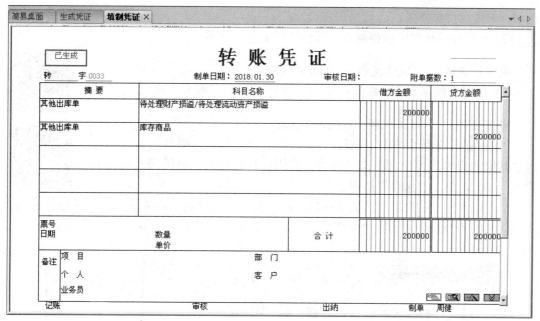

图 6-10 盘亏出库凭证

② 单击"增加"按钮，选择盘点仓库为"02 兰宇箱包仓"，出入库类别分别为"盘亏出库"和"盘盈入库"。在表体中选择存货"009 兰宇男式钱包"，系统自动显示出该存货的账面数量，在"盘点数量"中输入兰宇男式钱包仓中的实际存储数量22，单击"保存"按钮，如图 6-11 所示。

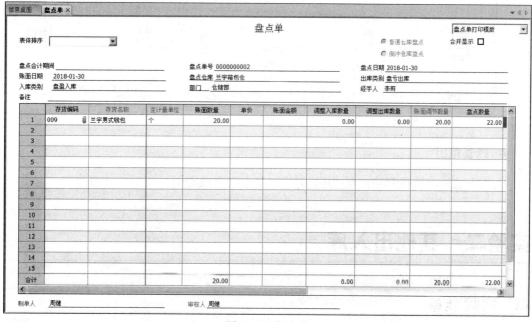

图 6-11 盘点单

③ 单击"审核"按钮，弹出"该单据审核成功。"信息提示框。单击"确定"按钮

返回。关闭盘点单界面。

(2) 在库存管理中审核根据盘点单生成的其他入库单

操作步骤略。 **(微课视频：sy060302.swf)**

(3) 在存货核算系统中修改盘盈入库存货单价、记账并生成凭证

操作步骤： **(微课视频：sy060303.swf)**

① 在存货核算系统中，执行"日常业务"|"其他入库单"命令，进入"其他入库单"窗口。单击"修改"按钮，补充录入兰宇男式钱包的单价为"150"，单击"保存"按钮。

② 执行"业务核算"|"正常单据记账"命令，对盘盈生成的其他入库单进行记账。

③ 执行"财务核算"|"生成凭证"命令，对盘盈入库的其他入库单生成凭证，如图 6-12 所示。

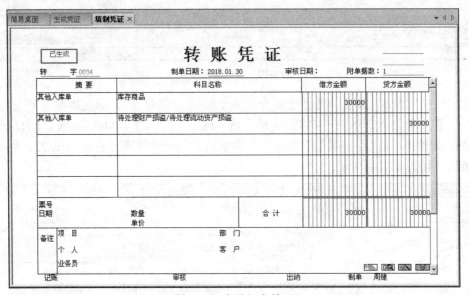

图 6-12　盘盈入库凭证

4. 账套输出

全部完成后，将账套输出至"6-1 调拨与盘点"文件夹中。

实验二　其他出入库

实验准备

已经完成第 6-1 实验，或引入"6-1 调拨与盘点"账套备份数据，以 111 操作员(密码为 1)的身份登录 888 账套进行其他出入库业务处理。

实验内容

- 其他入库处理
- 其他出库处理

实验资料

1. 存货损耗处理

2018 年 1 月 30 日,经查由于仓库管理员李莉保管不善,造成明辉鞋仓中 5 双明辉女凉鞋严重损坏,无法出售。经领导批示,损失由李莉承担,明辉女凉鞋参考成本 200 元/双。

2. 收到赠品

2018 年 1 月 30 日,北京兰宇箱包有限公司研发了新款"女式时尚手包",单价 880 元/个,赠送给星宇商贸 10 个,入兰宇箱包仓。

实验指导

1. 第 1 笔业务处理

(1) 在库存管理系统填制其他出库单并审核

操作步骤　(微课视频:sy060401.swf)

① 在库存管理系统中,执行"出库业务"|"其他出库单"命令,进入"其他出库单"窗口。

② 单击"增加"按钮,选择仓库为"01 明辉鞋仓";出库类别为"其他出库";存货名称为"003 明辉女凉鞋";数量为"5"、单价"200"等信息,单击"保存"按钮,如图 6-13 所示。

③ 单击"审核"按钮,审核该其他出库单。

(2) 在存货核算系统中对其他出库单记账并生成凭证

操作步骤　(微课视频:sy060402.swf)

① 在存货核算系统中,执行"业务核算"|"正常单据记账"命令,选择"01 明辉鞋仓",单据类型为"其他出库单",收发类别为"205-其他出库",如图 6-14 所示。

图 6-13 新增其他出库单

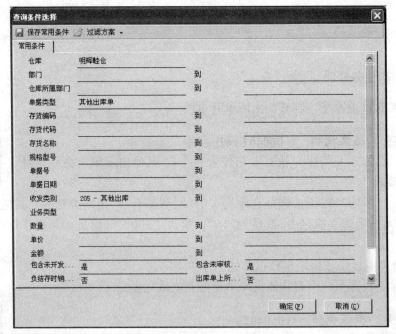

图 6-14 正常单据记账过滤

② 单击"确定"按钮，进入"未记账单据一览表"窗口。

③ 选择该单据，单击"记账"按钮。

④ 执行"财务核算"|"生成凭证"命令，选择其他出库单生成凭证，如图 6-15 所示。

图 6-15 其他出库生成凭证

2. 第 2 笔其他业务的处理

操作步骤
(1) 增加存货 "017 女士时尚手包"

操作步骤 (微课视频：sy060501.swf)

① 在企业应用平台基础设置选项卡中，执行"基础档案"|"存货"|"存货档案"命令，进入"存货档案"窗口。

② 选择存货分类"箱包"，增加存货"017 女士时尚手包"，计量单位组"03-换算 2 组"，存货属性"内销""外购"，如图 6-16 所示。

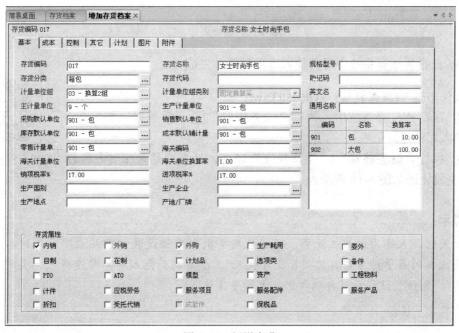

图 6-16 新增存货

③ 单击"保存"按钮。
(2) 在库存管理系统中填制其他入库单并审核

操作步骤 (微课视频：sy060502.swf)

① 在库存管理系统中，执行"入库业务"|"其他入库单"命令，进入"其他入库单"窗口。

② 单击"增加"按钮，填制其他入库单，如图6-17所示。单击"保存"按钮。

③ 单击"审核"按钮。

图6-17 其他入库单

(3) 在存货核算系统中对其他入库单记账并生成凭证

操作步骤 (微课视频：sy060503.swf)

① 在存货核算系统中，执行"业务核算"|"正常单据记账"命令，对其他入库单进行记账。

② 执行"财务核算"|"生成凭证"命令，补充赠品入库对方科目"6301 营业外收入"，生成凭证如图6-18所示。

提示：

如果赠品入库为经常性业务，可在收发类别中单独设置"赠品入库"类别，然后设置赠品入库的存货对方科目为"营业外收入"。在填制其他入库单时选择入库类别为"赠品入库"，则该凭证科目可自动带出，无须手工输入。

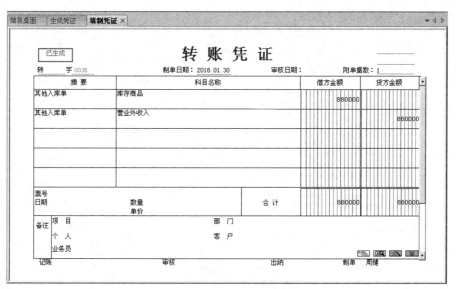

图 6-18 赠品入库生成凭证

3. 账套输出

全部完成后,将账套输出至"6-2 其他出入库"文件夹中。

第 7 章 存货核算

功能概述

存货是指企业在生产经营过程中为销售或生产耗用而储存的各种资产，包括商品、产成品、半成品、在产品和各种材料、燃料、包装物、低值易耗品等。

用友 U8 存货核算用于核算和分析所有业务中的存货耗用情况，正确计算存货出入成本，为企业提供成本核算的基础数据；动态掌握存货资金的变动，减少库存资金积压，加速资金周转；支持工商业多种核算方法；与采购管理或销售管理一起使用，可暂估采购入库或销售出库的成本核算。

存货核算的功能包括添加或修正存货暂估价格；对存货价格、价值进行调整；对业务单据进行记账处理；对记账单据按照存货计价方法进行计算，为成本计算提供数据等。

实验目的与要求

本章包括存货核算暂估成本的录入、单据记账和特殊单据记账、存货期末处理等，以此了解存货核算与其他模块之间的关系，以及存货核算的作用。通过本章的学习，可加深对存货核算的认识，了解企业中存货核算的基本方法和步骤，以便为成本计算提供精确的数据。

教学建议

建议本章讲授 6 课时，上机操作练习 4 课时。

实验一　存货价格及结算成本处理

实验准备

已完成第 1～6 章的所有实验内容，或引入"6-2 其他出入库"账套备份数据，以 111 操作员(密码为 1)的身份进行存货核算业务处理。

实验内容

- 了解暂估入库单价格的检查方法和暂估价的几种录入方法
- 了解仓库中存货价格调整方法或者单据中存货价格调整方法
- 了解暂估处理流程和方法

实验资料

1. 暂估入库业务办理

1 月 30 日，收到北京宏丰电子科技公司 30 部宏丰智能手机，办理入库，发票未到。

2. 暂估入库存货单价录入

2018 年 1 月 31 日，检查是否有入库单上存货无价格，并给这些单据录入价格。
1 月 30 日入库的 30 部宏丰智能手机，单价为 3700 元。

3. 调整存货成本

2018 年 1 月 31 日，经核查明辉鞋仓中明辉女凉鞋存货价格偏低，现单价 200 元，经过调研和批准，调整为 220 元。查看明辉女正装鞋的现存量，并调整存货成本。

4. 暂估处理

2018 年 1 月 31 日，检查本期进行采购结算需要进行结算成本处理的单据，并对其进行暂估处理。

实验指导

1. 第 1 笔业务的处理

本笔业务属于本期货到票未到的业务。货到时，先办理入库手续。

操作步骤 *(微课视频：sy070101.swf)*

① 在库存管理系统中，执行"入库业务"|"采购入库单"命令，进入"采购入库单"窗口。

② 单击"增加"按钮，按实验资料输入各项信息，单击"保存"按钮，如图7-1所示。

③ 单击"审核"按钮。

提示：
发票未到，采购入库单不录入单价。

图 7-1 采购入库单无须录入单价

2. 第 2 笔业务的处理

检查所有采购入库单和其他入库单上存货是否有价格，对于录入的暂估价格是否真实，可以在存货核算模块的暂估成本录入窗口中完成，并且系统还提供上次出入库成本、售价成本、参考成本、结存成本作为暂估成本的录入参照。

操作步骤 *(微课视频：sy070201.swf)*

① 在存货核算系统中，执行"业务核算"|"暂估成本录入"命令，打开"查询条件选择"对话框。

② 选择仓库，其他查询条件如果不输入，默认为所有单据。如果是有暂估价的单据，要查询所有单据，必须选择"包括已有暂估金额的单据"，如图 7-2 所示。

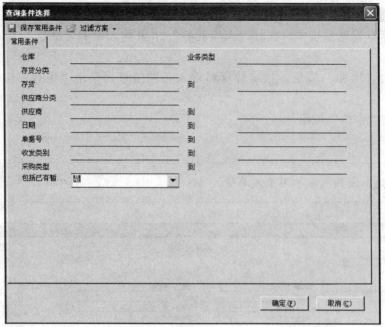

图 7-2 查询条件选择—包括已有暂估金额的单据

③ 单击"确定"按钮,进入"暂估成本录入"窗口,如图 7-3 所示。

单据日期	单据号	仓库	存货编码	存货代码	计量单位	存货名称	规格型号	业务类型	采购类型	供应商	入库类别	数量	单价	金额
2018-01-11	0000000010	手机仓	014		部	宏丰智能手机		普通采购	厂商采购	北京宏…	采购入库	40.00	3,700.00	148,000.00
2018-01-30	0000000016	手机仓	014		部	宏丰智能手机		普通采购	厂商采购	北京宏…	采购入库	30.00		
合计												70.00		148,000.00

图 7-3 暂估成本成批录入

④ 如果需要修改单价或金额,可以直接在表体中进行修改,也可以通过图 7-3 右上角的下拉列表框选择:售价成本、参考成本、上次入库成本、上次出库成本或结存成本,再单击"录入"按钮进行系统自动录入。本例录入第 2 行宏丰智能手机单价"3700"。

⑤ 单击"保存"按钮,系统弹出"保存成功"信息提示框,单击"确定"按钮返回。

提示:
- 在进行暂估成本录入单据查询时,如果企业这类单据数量特别大,建议设置查询条件,分批进行录入,以免造成错误,从而提高效率。
- 对于有暂估价的单据也可以在此处修改。
- 也可以通过执行"日常业务"|"采购入库单"命令修改金额。

3. 第3笔业务的处理

对于账面上存货的成本，如果价格、价值错误或远远偏离市值，系统使用出入库调整单进行调整。

(1) 查看明辉女凉鞋的现存量

操作步骤 (微课视频：sy070301.swf)

① 在库存管理系统中，执行“报表”|“库存账”|“现存量查询”命令，打开“查询条件选择”对话框。

② 选择存货编码“003”，单击“确定”按钮，进入“现存量查询”窗口。查看到明辉女正装鞋的现存量为595双。因此需要调整入库成本595×20=11 900(元)。

(2) 调整存货成本

操作步骤 (微课视频：sy070302.swf)

① 在存货核算系统中，执行“日常业务”|“入库调整单”命令。

② 单击“增加”按钮，选择仓库“01 明辉鞋仓”，收发类别为“其他入库”，存货为“003 明辉女凉鞋”，调整金额为11 900元，单击“保存”按钮，如图7-4所示。

简易桌面 入库调整单

入库调整单

是否调整对应出库单
先进先出法调整结存成本
表体排序
入库调整单打印模版

仓库 明辉鞋仓　日期 2018-01-31　单据号 0000000001
收发类别 其他入库　部门　供应商 上海明辉
业务员　备注

	存货编码	存货名称	规格型号	计量单位	被调整单据号	金额
1	003	明辉女凉鞋		双		11900.00
2						
3						
4						
5						
6						
7						
8						
9						
10						
11						
12						
13						
14						
15						
合计						11900.00

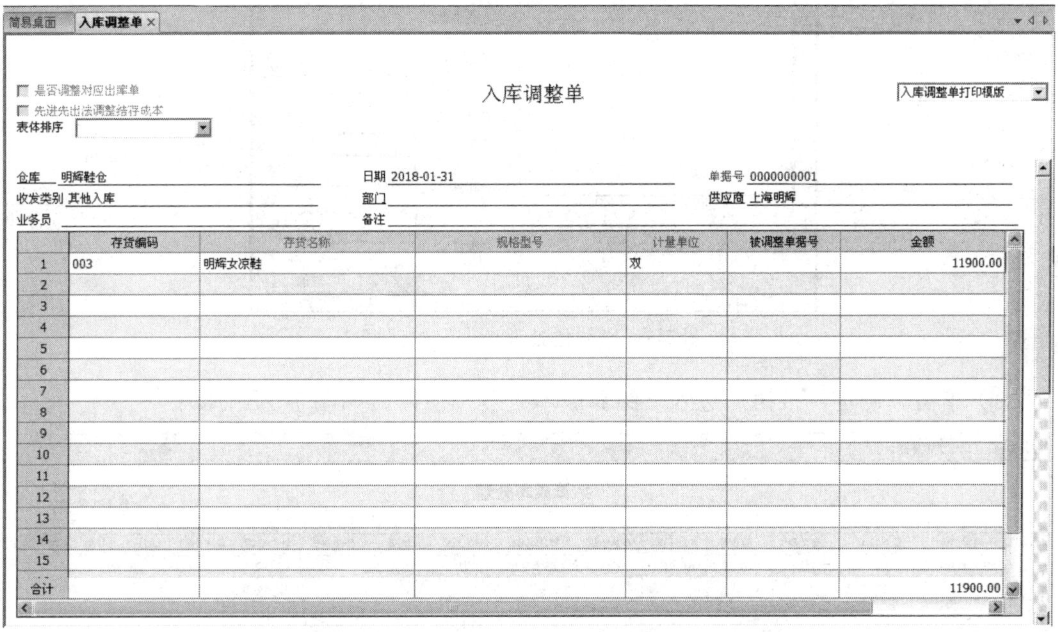

图7-4 入库调整单

③ 单击“记账”按钮，使增加的金额入账。

提示：

- 在入库调整单中，如果不输入被调整单据号，则视作调整该仓库下的所有存货，金额记入仓库下存货的总金额。

- 如果是要调整某一张采购入库单,应先记下该采购入库单的单据号,并填列到入库调整单中的"被调整单据号"中,此时"金额"栏的金额对应入库单上该存货的金额。
- 要调整采购入库单,该采购入库单必须是在采购管理系统中做了采购结算的采购入库单。

4. 第4笔业务的处理

操作步骤　(微课视频:sy070401.swf)

① 在存货核算系统中,执行"业务核算"|"结算成本处理"命令,打开"暂估处理查询"对话框,如图7-5所示。

② 选择除"代销仓"之外的所有仓库,其他条件为空,即默认所有设置,如图7-5所示。

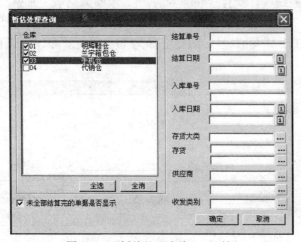

图7-5　"暂估处理查询"对话框

③ 单击"确定"按钮,进入"结算成本处理"窗口,如图7-6所示。

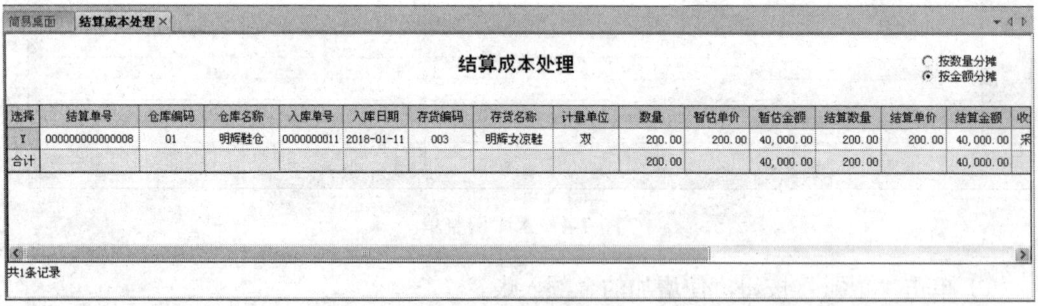

图7-6　结算成本处理

④ 双击单据体中需要进行暂估处理的单据,再单击"暂估"按钮,系统弹出"暂估处理完成。"信息提示框,单击"确定"按钮。暂估过的单据不再显示。

> **提示：**
> 此处暂估结算是为了系统按照存货期初设置的暂估处理方式进行暂估处理。

5. 账套备份

全部完成后，将账套输出至"7-1 存货价格及结算成本处理"文件夹中。

实验二　单　据　记　账

实验准备

已完成第 1~6 章和第 7 章实验一实验内容的操作，或引入"7-1 存货价格及结算成本处理"账套备份数据，以 111 操作员(密码为 1)的身份进行单据记账操作。

实验内容

- 了解特殊单据、直运业务单据和正常单据的记账作用
- 了解各种单据记账的流程

实验资料

1. 2018 年 1 月 31 日，进行特殊单据记账，将所有的特殊业务单据进行记账。
2. 2018 年 1 月 31 日，进行正常单据记账，将所有的正常业务单据进行记账。
3. 2018 年 1 月 31 日，进行发出商品记账，将所有的发出商品进行记账。

实验指导

单据记账是指登记存货明细账、差异明细账/差价明细账、受托代销商品明细账和受托代销商品差价账；同时是对除全月平均法外的其他几种存货计价方法，对存货进行出库成本的计算。

特殊单据记账是针对调拨单、形态转换、组装单据的，它的特殊性在于这类单据都是出入库单据对应的，并且其入库的成本数据来源于该存货原仓库按照存货计价方法计算出的出库成本。

1. 第 1 笔业务的处理

操作步骤 (微课视频:sy070501.swf)

① 在存货核算系统中,执行"业务核算"|"特殊单据记账"命令,打开"特殊单据记账条件"对话框。

② 单据类型选择"调拨单",选中"出库单上系统已填写的金额记账时重新计算"复选框,如图 7-7 所示。

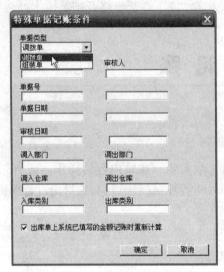

图 7-7 "特殊单据记账条件"对话框

③ 单击"确定"按钮,进入"特殊单据记账"窗口,如图 7-8 所示。

④ 单击"全选"按钮,或者单击表体中需要记账的单据,再单击"记账"按钮。

选择	单据号	单据日期	转入仓库	转出仓库	转入部门	转出部门	经手人	审核人	制单人
	0000000001	2018-01-28	兰宇箱包仓	明辉鞋仓				周健	周健
小计									

图 7-8 "特殊单据记账"窗口

2. 第 2 笔业务的处理

操作步骤 (微课视频:sy070601.swf)

① 执行"业务核算"|"正常单据记账"命令,打开"查询条件选择"对话框。

② 选择所有的仓库和所有的单据类型,以及"包含未审核单据"和"出库单上所有已填写的金额记账时重新计算"选项,如图 7-9 所示。

第7章 存货核算

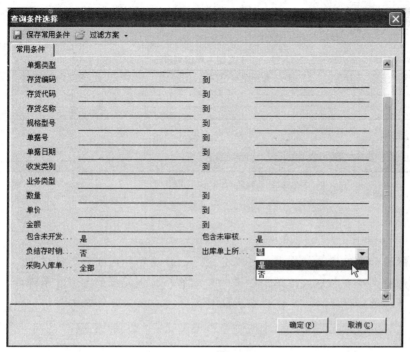

图7-9 查询条件选择

③ 单击"确定"按钮，进入"正常单据记账列表"窗口，如图7-10所示。

选择	日期	单据号	存货编码	存货名称	规格型号	存货代码	单据类型	仓库名称	收发类别	数量	单价
	2018-01-11	0000000010	014	宏丰智能手机			采购入库单	手机仓	采购入库	40.00	3,700.00
	2018-01-12	0000000012	003	明辉女凉鞋			采购入库单	明辉鞋仓	采购入库	-200.00	200.00
	2018-01-13	0000000013	007	兰宇女式钱包			采购入库单	兰宇箱包仓	采购入库	500.00	120.00
	2018-01-15	0000000014	007	兰宇女式钱包			采购入库单	兰宇箱包仓	采购入库	-20.00	120.00
	2018-01-15	0000000015	013	宏丰非智能手机			采购入库单	手机仓	采购入库	-2.00	1,800.00
	2018-01-15	0000000015	014	宏丰智能手机			采购入库单	手机仓	采购入库	-5.00	3,700.00
	2018-01-16	ZY185102	009	兰宇男式钱包			专用发票	兰宇箱包仓	销售出库	300.00	
	2018-01-18	ZY185103	014	宏丰智能手机			专用发票	手机仓	销售出库	45.00	
	2018-01-20	ZY185201	003	明辉女凉鞋			专用发票	明辉鞋仓	销售出库	100.00	
	2018-01-20	ZY185202	009	兰宇男式钱包			专用发票	兰宇箱包仓	销售出库	300.00	
	2018-01-22	ZY185204	005	明辉男休闲鞋			专用发票	明辉鞋仓	销售出库	100.00	
	2018-01-22	ZY185204	006	明辉男凉鞋			专用发票	明辉鞋仓	销售出库	100.00	
	2018-01-24	ZY185301	006	明辉男凉鞋			专用发票	明辉鞋仓	销售退货	-100.00	
	2018-01-25	ZY18503	003	明辉女凉鞋			专用发票	明辉鞋仓	销售退货	-10.00	
	2018-01-30	0000000016	014	宏丰智能手机			采购入库单	手机仓	采购入库	30.00	3,700.00
小计										1,178.00	

图7-10 正常单据记账列表

④ 单击"全选"按钮，再单击"记账"按钮。打开"未记账单据一览表"窗口，如图7-11所示。手工输入明辉男凉鞋单价"300"，明辉女凉鞋单价"200"，单击"确定"按钮。系统弹出"记账成功。"信息提示框，单击"确定"按钮返回。

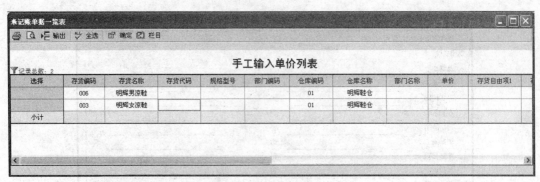

图 7-11　手工输入单价列表

提示：
- 记账时如果单据量特别大，可以分仓库、分收发类别分开进行记账。
- 记账前先检查所有入库单，即采购入库单和其他入库单是否有单价。
- 在进行单据记账时，注意各单据的颜色，以分辨该单据是否能进行记账操作。

3. 第 3 笔业务的处理

操作步骤　(微课视频：sy070701.swf)

① 执行"业务核算"|"发出商品记账"命令，打开"查询条件选择"对话框。

② 单击"确定"按钮，进入"发出商品记账"窗口。

③ 单击"全选"按钮，选择所有记录。单击"记账"按钮，系统弹出"记账成功。"信息提示框，单击"确定"按钮返回。

4. 账套备份

全部完成后，将账套输出至"7-2 单据记账"文件夹中。

第8章 期末处理

功能概述

企业的经理、投资者、债权人等决策者都需要关于企业经营状况的定期信息，我们通过月末结账，据以结算账目编制财务报告、核算财务状况和资金变动情况，以及企业的供应链管理所需要的各种相关数据报表等。在用友 U8 管理系统中，月末业务处理是自动完成的，企业完成当月所有工作后，系统将相关各个系统的单据封存，各种数据记入有关的账表中，完成会计期间的月末处理工作。

实验目的与要求

掌握供应链系统的月末处理的方法、月末凭证的生成与查询的方法，以及账表查询的方法。

教学建议

建议本章讲授 2 课时，上机操作练习 2 课时。

实验一 期末处理

实验准备

已经完成第 1~7 章所有实验内容的操作，即完成所有的业务，或引入"7-2 单据记账"账套备份数据，以 111 操作员(密码为 1)的身份进行期末处理。

实验内容

- 采购管理、销售管理、库存管理月末结账
- 存货核算系统期末处理

实验资料

1. 2018 年 1 月 31 日，采购管理月末结账
2. 2018 年 1 月 31 日，销售管理月末结账
3. 2018 年 1 月 31 日，库存管理月末结账
4. 2018 年 1 月 31 日，存货核算期末处理

对明辉鞋仓、兰宇箱包仓、手机仓和代销仓分别进行期末处理。

实验指导

存货核算期末处理应当在日常业务全部完成，采购和销售系统作结账处理后进行。它是计算按全月平均方式核算的存货的全月平均单价及其本会计月出库成本，计算按计划价/售价方式核算的存货的差异率/差价率及其本会计月的分摊差异/差价，并对已完成日常业务的仓库、部门、存货做处理标志。

业务顺序为：

1. 在采购管理系统中，进行采购管理系统月末结账。
2. 在销售管理系统中，进行销售管理系统月末结账。
3. 在库存管理系统中，进行库存管理系统月末结账。
4. 在存货核算系统中，对仓库进行期末处理。

1. 采购系统月末结账

操作步骤 (微课视频：sy080101.swf)

① 在采购管理系统中，执行"月末结账"命令，打开"结账"对话框。

② 选择会计月份为 1 月份，单击"结账"按钮，弹出"月末结账"信息提示框，如图 8-1 所示。

③ 单击"否"按钮，1 月份"是否结账"处显示"是"。单击"退出"按钮退出结账界面。

2. 销售系统月末结账

操作步骤 (微课视频：sy080201.swf)

① 在销售管理系统中，执行"月末结账"命令，打开"结账"对话框。

② 单击"结账"按钮，弹出信息提示框。单击"否"按钮，完成销售系统结账。

③ 单击"退出"按钮退出结账界面。

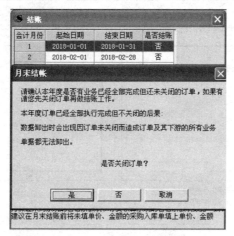

图 8-1 采购管理月末结账

3. 库存系统月末结账

操作步骤 (微课视频：sy080301.swf)

① 在库存管理系统中，执行"月末结账"命令，打开"结账"对话框。
② 单击"结账"按钮，弹出信息提示框如图 8-2 所示。

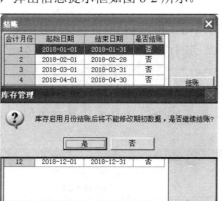

图 8-2 库存月末结账

③ 单击"是"按钮，结账完成。单击"退出"按钮退出结账界面。

4. 存货核算期末处理及月末结账

(1) 明辉鞋仓期末处理

操作步骤 (微课视频：sy080401.swf)

① 在存货核算系统中，执行"业务核算"|"期末处理"命令，打开"期末处理"对话框，如图 8-3 所示。

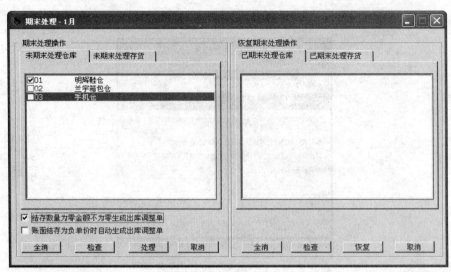

图 8-3 "期末处理"对话框

② 选择明辉鞋仓,并选中"结存数量为零金额不为零生成出库调整单"复选框,单击"处理"按钮,系统提示"期末处理完毕!",单击"确定"按钮返回。

(2) 兰宇箱包仓期末处理

兰宇箱包仓是按全月平均法核算。

操作步骤 (微课视频:sy080402.swf)

① 在存货核算系统中,执行"业务核算"|"期末处理"命令,打开"期末处理"对话框。

② 选择兰宇箱包仓,并选中"结存数量为零金额不为零生成出库调整单"复选框,单击"处理"按钮。系统根据成本核算方法计算并生成"仓库平均单价计算表",如图 8-4 所示。

部门编码	部门名称	仓库编码	仓库名称	存货编码	存货名称	存货代码	存货规格	存货单位	期初数量	期初金额	入库数量	入库金额
		02	兰宇箱包仓	007	兰宇女式钱包			个	300.00	36,000.00	480.00	57,600.00
		02	兰宇箱包仓	009	兰宇男式钱包			个	500.00	75,000.00	2.00	300.00
小计												

图 8-4 生成成本计算表

③ 单击"确定"按钮,兰宇箱包仓期末处理完成。

(3) 手机仓期末处理

手机仓采用售价法核算时需要进行差异率的计算。

操作步骤 (微课视频:sy080403.swf)

① 在存货核算系统中,执行"业务核算"|"期末处理"命令,打开"期末处理"对话框。

② 选择手机仓,单击"处理"按钮,进入"差异率计算表"窗口,如图 8-5 所示。

仓库编码	仓库名称	存货编码	存货名称	存货代码	存货规格	存货单位	期初金额	期初差异	本期入库金额	本期入库差异	本期有金额出...	本期有金额出...
03	手机仓	013	宏丰非智能手机			部	22,000.00	4,000.00000000	39,600.00	7,200.00000000	0.00	0.00000000
03	手机仓	014	宏丰智能手机			部	25,200.00	3,000.00000000	483,000.00	57,500.00000000	0.00	0.00000000
小计												

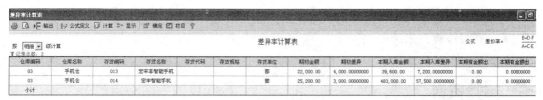

图 8-5　差异率计算

③ 单击“确定”按钮，系统自动计算，进入“差异结转单列表”窗口，如图 8-6 所示。

仓库编码	存货编码	存货名称	收发类别	部门编码	客户	业务员	类型	发出金额	差异	差异率
03	013	宏丰非智能手机	201	0301	005	004	销售	22,000.00	-4,000.00	0.18181818
03	014	宏丰智能手机	201	0301	004	004	销售	42,000.00	-5,000.00	0.11904762
03	014	宏丰智能手机	201	0302	003	005	销售	189,000.00	-22,500.00	0.11904762
小计										

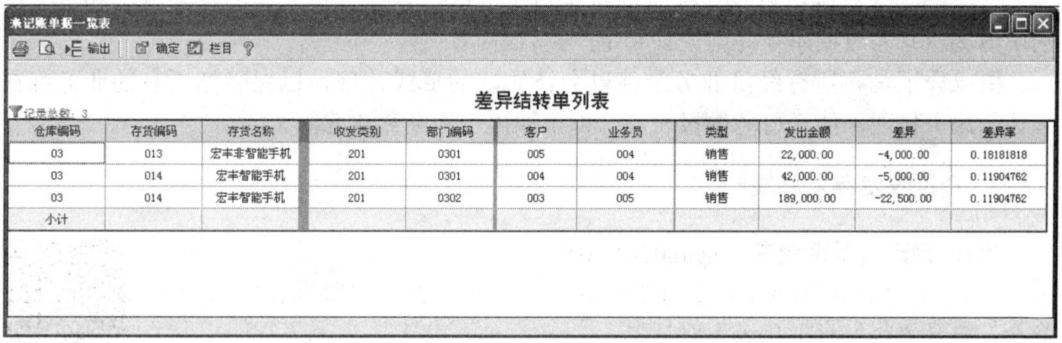

图 8-6　差异结转单

④ 单击“确定”按钮，系统弹出“期末处理完毕！”信息提示框。单击“确定”按钮。

(4) 代销仓期末处理　**(略)**

请学员自行完成代销仓期末处理。

5. 账套备份

全部完成后，将账套输出至“8-1 期末处理”文件夹中。

实验二　账表查询与生成凭证

实验准备

已完成第 8 章实验一的操作，或引入“8-1 期末处理”账套备份数据，以 111 操作员(密码为 1)的身份登录 888 账套进行账表查询。

实验内容

- 查询收发存汇总表
- 查询本月销售统计表

- 将除其他出入库单之外的所有单据生成凭证
- 存货核算月末结账

实验资料

账簿查询用于检验本期经营状况，了解本期成本和经营业绩等；同时可以了解存货在库存中的存储状况，以及该存货的资金占用情况，以便分析公司的库存状况和资金的利用情况，并为后期库存提出规划和生产建议等。

生成凭证是将所有经济业务最终以会计凭证的形式体现，以保障把所有的业务都在会计账簿上体现，便于财务做报表，分析本期盈亏和经营状况等。

1. 查询收发存汇总表

操作步骤　（微课视频：sy080501.swf）

① 在存货核算系统中，执行"账表"｜"汇总表"｜"收发存汇总表"命令，打开"收发存汇总表"对话框。

② 如果是查询具体存货可以在"存货分类"或"存货"中选择；如果选择查询具体仓库的信息，则在"汇总方式选择"选项卡中。设置好查询条件单击"确定"按钮，进入收发存汇总表窗口，如图8-7所示。

图8-7　收发存汇总表

提示：
在查询时要注意结存数量和结存金额查询条件，并注意检查两个选项卡的查询条件，以免查询出的数字有偏差。

2. 查询销售统计表

操作步骤　（微课视频：sy080601.swf）

① 在销售管理系统中，执行"报表"｜"统计表"｜"销售统计表"

命令，打开“查询条件选择”对话框。

② 单击“确定”按钮，进入“销售统计表”窗口，如图 8-8 所示。

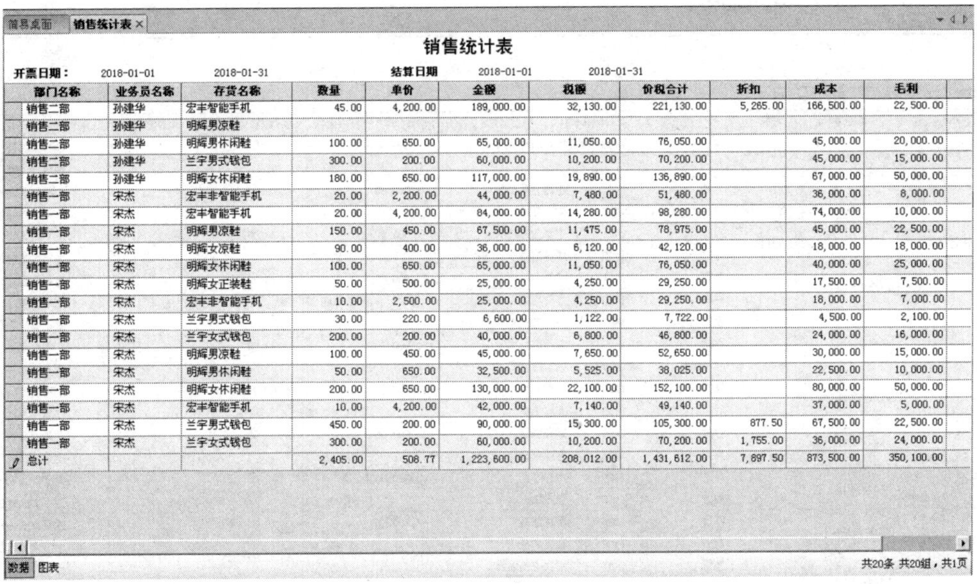

简易桌面 销售统计表

销售统计表

开票日期：2018-01-01 2018-01-31 结算日期 2018-01-01 2018-01-31

部门名称	业务员名称	存货名称	数量	单价	金额	税额	价税合计	折扣	成本	毛利
销售二部	孙建华	宏丰智能手机	45.00	4,200.00	189,000.00	32,130.00	221,130.00	5,265.00	166,500.00	22,500.00
销售二部	孙建华	明辉男凉鞋								
销售二部	孙建华	明辉男休闲鞋	100.00	650.00	65,000.00	11,050.00	76,050.00		45,000.00	20,000.00
销售二部	孙建华	兰宇男式钱包	300.00	200.00	60,000.00	10,200.00	70,200.00		45,000.00	15,000.00
销售二部	孙建华	明辉女休闲鞋	180.00	650.00	117,000.00	19,890.00	136,890.00		67,000.00	50,000.00
销售一部	宋杰	宏丰非智能手机	20.00	2,200.00	44,000.00	7,480.00	51,480.00		36,000.00	8,000.00
销售一部	宋杰	宏丰智能手机	20.00	4,200.00	84,000.00	14,280.00	98,280.00		74,000.00	10,000.00
销售一部	宋杰	明辉男凉鞋	150.00	450.00	67,500.00	11,475.00	78,975.00		45,000.00	22,500.00
销售一部	宋杰	明辉女凉鞋	90.00	400.00	36,000.00	6,120.00	42,120.00		18,000.00	18,000.00
销售一部	宋杰	明辉女休闲鞋	100.00	650.00	65,000.00	11,050.00	76,050.00		40,000.00	25,000.00
销售一部	宋杰	明辉女正装鞋	50.00	500.00	25,000.00	4,250.00	29,250.00		17,500.00	7,500.00
销售一部	宋杰	宏丰非智能手机	10.00	2,500.00	25,000.00	4,250.00	29,250.00		18,000.00	7,000.00
销售一部	宋杰	兰宇男式钱包	30.00	220.00	6,600.00	1,122.00	7,722.00		4,500.00	2,100.00
销售一部	宋杰	兰宇女式钱包	200.00	200.00	40,000.00	6,800.00	46,800.00		24,000.00	16,000.00
销售一部	宋杰	明辉男凉鞋	100.00	450.00	45,000.00	7,650.00	52,650.00		30,000.00	15,000.00
销售一部	宋杰	明辉男休闲鞋	50.00	650.00	32,500.00	5,525.00	38,025.00		22,500.00	10,000.00
销售一部	宋杰	明辉女休闲鞋	200.00	650.00	130,000.00	22,100.00	152,100.00		80,000.00	50,000.00
销售一部	宋杰	宏丰智能手机	10.00	4,200.00	42,000.00	7,140.00	49,140.00		37,000.00	5,000.00
销售一部	宋杰	兰宇男式钱包	450.00	200.00	90,000.00	15,300.00	105,300.00	877.50	67,500.00	22,500.00
销售一部	宋杰	兰宇女式钱包	300.00	200.00	60,000.00	10,200.00	70,200.00	1,755.00	36,000.00	24,000.00
总计			2,405.00	508.77	1,223,600.00	208,012.00	1,431,612.00	7,897.50	873,500.00	350,100.00

数据 图表 共20条 共20组，共1页

图 8-8 销售统计表

3. 生成记账凭证

操作步骤 (微课视频：sy080701.swf)

① 在存货核算系统中，执行“财务核算”｜“生成凭证”命令，进入“生成凭证”窗口。

② 单击“选择”按钮，打开“查询条件”对话框。

③ 选择除“其他入库单”和“其他出库单”之外的所有单据，单击“确定”按钮，进入“未生成凭证单据一览表”窗口，如图 8-9 所示。

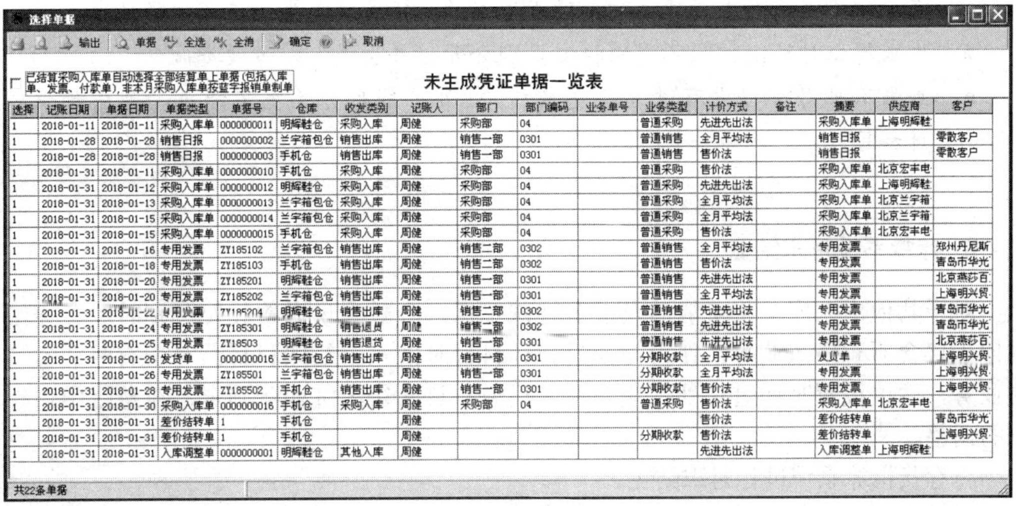

选择单据

输出 单据 全选 全消 确定 取消

已结算采购入库单自动选择全部结算单上单据(包括入库单、发票、付款单)，非本月采购入库单按蓝字报销单制单

未生成凭证单据一览表

选择	记账日期	单据日期	单据类型	单据号	仓库	收发类别	记账人	部门	部门编码	业务单号	业务类型	计价方式	备注	摘要	供应商	客户
1	2018-01-11	2018-01-11	采购入库单	0000000011	明辉鞋仓	采购入库	周健	采购部	04		普通采购	先进先出法		采购入库单	上海明辉鞋	
1	2018-01-28	2018-01-28	销售日报	0000000002	兰宇箱包仓	销售出库	周健	销售一部	0301		普通销售	全月平均法		销售日报		零散客户
1	2018-01-28	2018-01-28	销售日报	0000000003	手机仓	销售出库	周健	销售一部	0301		普通销售	售价法		销售日报		零散客户
1	2018-01-31	2018-01-11	采购入库单	0000000010	手机仓	采购入库	周健	采购部	04		普通采购	售价法		采购入库单	北京宏丰电	
1	2018-01-31	2018-01-12	采购入库单	0000000012	明辉鞋仓	采购入库	周健	采购部	04		普通采购	先进先出法		采购入库单	上海明辉鞋	
1	2018-01-31	2018-01-13	采购入库单	0000000013	兰宇箱包仓	采购入库	周健	采购部	04		普通采购	全月平均法		采购入库单	北京兰宇箱	
1	2018-01-31	2018-01-15	采购入库单	0000000014	兰宇箱包仓	采购入库	周健	采购部	04		普通采购	全月平均法		采购入库单	北京兰宇箱	
1	2018-01-31	2018-01-15	采购入库单	0000000015	手机仓	采购入库	周健	采购部	04		普通采购	售价法		采购入库单	北京宏丰电	
1	2018-01-31	2018-01-16	专用发票	ZY185102	兰宇箱包仓	销售出库	周健	销售二部	0302		普通销售	全月平均法		专用发票		郑州丹尼斯
1	2018-01-31	2018-01-18	专用发票	ZY185103	手机仓	销售出库	周健	销售二部	0302		普通销售	售价法		专用发票		青岛市华光
1	2018-01-31	2018-01-20	专用发票	ZY185201	明辉鞋仓	销售出库	周健	销售一部	0301		普通销售	先进先出法		专用发票		北京燕莎百
1	2018-01-31	2018-01-20	专用发票	ZY185202	兰宇箱包仓	销售出库	周健	销售一部	0301		普通销售	全月平均法		专用发票		上海明兴贸
1	2018-01-31	2018-01-22	专用发票	ZY185204	明辉鞋仓	销售出库	周健	销售二部	0302		普通销售	先进先出法		专用发票		青岛市华光
1	2018-01-31	2018-01-24	专用发票	ZY185301	明辉鞋仓	销售退货	周健	销售二部	0302		普通销售	先进先出法		专用发票		青岛市华光
1	2018-01-31	2018-01-25	专用发票	ZY18503	明辉鞋仓	销售退货	周健	销售一部	0301		普通销售	先进先出法		专用发票		北京燕莎百
1	2018-01-31	2018-01-26	发货单	0000000016	兰宇箱包仓	销售出库	周健	销售一部	0301		分期收款	全月平均法		发货单		上海明兴贸
1	2018-01-31	2018-01-26	专用发票	ZY185501	兰宇箱包仓	销售出库	周健	销售一部	0301		分期收款	全月平均法		专用发票		上海明兴贸
1	2018-01-31	2018-01-28	专用发票	ZY185502	手机仓	销售出库	周健	销售一部	0301		分期收款	售价法		专用发票		上海明兴贸
1	2018-01-31	2018-01-30	采购入库单	0000000016	手机仓	采购入库	周健	采购部	04		普通采购	售价法		采购入库单	北京宏丰电	
1	2018-01-31	2018-01-31	差价结转单	1	手机仓		周健					售价法		差价结转单		青岛市华光
1	2018-01-31	2018-01-31	差价结转单	1	手机仓		周健				分期收款	售价法		差价结转单		上海明兴贸
1	2018-01-31	2018-01-31	入库调整单	0000000001	明辉鞋仓	其他入库	周健					先进先出法		入库调整单	上海明辉鞋	

共22条单据

图 8-9 “未生成凭证单据一览表”窗口

④ 单击"全选"按钮，再单击"确定"按钮，进入"生成凭证"窗口，如图 8-10 所示。

图 8-10 生成凭证窗口

⑤ 设置凭证会计科目，对于系统调整单或出入库调整单，先记入待处理流动资产损溢，待确认处理后转出。设置完毕科目即可单击"生成"或"合成"按钮生成凭证，其中生成是指在生成凭证时，一笔业务对应一张凭证；合成是将所有选择号一样的单据生成一张凭证。单击"合成"按钮，生成一张转账凭证。

提示：

- 在选择单据从而生成凭证时，对于不同的选择号可以生成在不同的凭证上。
- 生成凭证时可以按照不同的收发类别分开合并生成，以方便查阅。
- 如果有业务单据没有设置收发类别，此处可能部分单据不能自动带出预设的会计科目。

4. 存货系统月末结账

对于其他出入库单，可能涉及很多特殊单据，一般建议设置收发类别时尽量详细，以便于包含所有经济业务，使得在预设会计科目时能包含这些科目。对于有些非常特殊的业务，建议设置时通过待处理流动资产损溢科目，待经济业务确定，在总账中进行统一的调整。

将存货核算系统进行月末结账。

操作步骤 (微课视频：sy080801.swf)

选择存货核算系统中的"业务核算"|"月末结账"命令，即可完成存货系统的结账工作。

5. 账套备份

全部完成后，将账套输出至"8-2 账表查询与生成凭证"文件夹中。

附 录

综合实验

实验一 系统管理与基础设置

目的与要求

掌握企业在进行期初建账时,如何进行核算体系的建立和各项基础档案的设置。

实验内容

1. 核算体系的建立

(1) 启动系统管理,以 Admin 的身份进行注册。
(2) 增设 3 位操作员(权限→操作员)。
- 001 于红
- 002 李平
- 003 何霞

(3) 建立账套信息(账套→建立)。

① 账套信息:账套号 888,账套名称为"广州宏达有限公司",启用日期为"2018 年 6 月"。

② 单位信息:单位名称为"广州宏达有限公司",单位简称为"宏达",税号为 22002256437218。

③ 核算类型:企业类型为"工业",行业性质为"2007 年新会计制度科目"并预置科目,账套主管为"于红"。

④ 基础信息:存货、客户和供应商均分类,有外币核算。

⑤ 编码方案。

科目编码级次：4-2-2-2

- 客户分类和供应商分类的编码方案为2
- 部门编码的方案为2-2
- 存货分类的编码方案为2-2-3-3
- 收发类别的编码级次为2-2
- 结算方式的编码方案为2
- 其他编码项目保持不变

说明：

设置编码方案主要是为以后的分级核算、统计和管理打下基础。

⑥ 数据精度：保持系统默认设置。

说明：

设置数据精度主要是为了核算更精确。

⑦ 分配操作员权限(权限→权限)。
- 操作员李平：拥有"共用目录设置""应收""应付""采购管理""销售管理""库存管理""存货核算"中的所有权限。
- 操作员何霞：拥有"共用目录设置""库存管理""存货核算"中的所有权限。

2. 各系统的启用

(1) 启动企业门户，以账套主管身份进行注册。

(2) 启用"采购管理""销售管理""库存管理""存货核算""应收""应付""总账"系统，启用日期为"2018年6月1日"(进入基础信息，双击"基本信息"，再双击系统启用)。

3. 定义各项基础档案

可通过企业门户中的基础信息，选择"基础档案"来增设下列档案。

(1) 定义部门档案：制造中心、营业中心、管理中心。

① 制造中心下分：一车间、二车间。

② 营业中心下分：业务一部、业务二部。

③ 管理中心下分：财务部、人事部。

(2) 定义职员档案：王利(属业务一部)、李一(属业务二部)。

(3) 定义客户分类：批发、零售、代销、专柜。

(4) 定义客户档案，如附表1所示。

附表1　客户档案

客户编码	客户简称	所属分类	税号	开户银行	账号	信用额度/元	信用期限/天
HRGS	华荣公司	批发	31000315466	工行	1121		
XYMYGS	新月贸易公司	批发	31010877788	中行	5676	100 000	30
JLGS	精利公司	专柜	31500012366	建行	1585	150 000	60
LYGS	利益公司	代销	31545245399	招行	7636		

(5) 定义供应商分类：原料供应商、成品供应商。

(6) 定义供应商档案，如附表2所示。

附表2　供应商档案

供应商编码	供应商简称	所属分类	税号
XSGS	兴盛公司	原料供应商	31082138522
CDGS	昌达公司	原料供应商	31482570533
MLSH	美凌商行	成品供应商	31847822668
AXGS	爱心公司	成品供应商	31048800888

(7) 定义存货分类。

① 原材料(主机、芯片、硬盘、显示器、键盘、鼠标)。

② 产成品(计算机)。

③ 外购商品(打印机、传真机)。

④ 应税劳务。

(8) 定义计量单位，如附表3所示。

附表3　计量单位

计量单位编号	计量单位名称	所属计量单位组	计量单位组类别
01	盒	无换算关系	无换算
02	台	无换算关系	无换算
03	只	无换算关系	无换算
04	千米	无换算关系	无换算

(9) 定义存货档案，如附表4所示。

附表4　存货档案

存货编码	存货名称	所属类别	计量单位	税率	存货属性
001	PIII芯片	芯片	盒	17%	外购，生产耗用
002	40GB硬盘	硬盘	盒	17%	外购，生产耗用，销售
003	17英寸显示器	显示器	台	17%	外购，生产耗用，销售
004	键盘	键盘	只	17%	外购，生产耗用，销售

(续表)

存货编码	存货名称	所属类别	计量单位	税率	存货属性
005	鼠标	鼠标	只	17%	外购，生产耗用，销售
006	计算机	计算机	台	17%	自制，销售
007	1600K 打印机	打印机	台	17%	外购，销售
008	运输费	应税劳务	千米	7%	外购，销售，劳务费用

(10) 设置会计科目。

修改会计科目"应收账款""应收票据"和"预收账款"辅助核算为"客户往来"，受控于"应收系统"；修改会计科目"应付票据"和"预付账款"辅助核算为"供应商往来"，受控于"应付系统"。

增加"220201 应付货款"科目，设置为"供应商往来"；增加"220202 暂估应付款"科目、"222101 应交增值税"科目、"22210101 进项税额"科目、"22210102 销项税额"科目、"22210103 进项税额转出"科目、"410401 未分配利润"科目。

(11) 选择凭证类别为"记账凭证"。

(12) 定义结算方式：现金结算、支票结算、汇票结算。

(13) 定义本企业开户银行：工行天河路分理处，账号为 76584898789。

(14) 定义仓库档案，如附表 5 所示。

附表 5　仓库档案

仓库编码	仓库名称	计价方式
001	原料仓库	移动平均
002	成品仓库	移动平均
003	外购品仓库	全月平均

(15) 定义收发类别。

① 正常入库(采购入库、产成品入库、调拨入库)。

② 非正常入库(盘盈入库、其他入库)。

③ 正常出库(销售出库、生产领用、调拨出库)。

④ 非正常出库(盘亏出库、其他出库)。

(16) 定义采购类型为普通采购，入库类别为"采购入库"。

(17) 定义销售类型为经销、代销，出库类别均为"销售出库"。

实验二　期初余额录入

目的与要求

掌握企业在将来的业务处理时，能够由系统自动生成有关的凭证。掌握在进行期初建账时，应如何设置相关业务的入账科目，以及如何把原来手工做账时所涉及的各业务的期末余额录入至系统中。

实验内容

1. 设置基础科目

(1) 根据存货大类分别设置存货科目(在存货系统中，进入科目设置，选择存货科目)，如附表6所示。

附表6 设置存货科目

存 货 分 类	对 应 科 目
原材料	原材料(1403)
产成品	库存商品(1405)
外购商品	库存商品(1405)

(2) 根据收发类别确定各存货的对方科目(在存货系统中，进入科目设置，选择对方科目)，如附表7所示。

附表7 确定各存货的对方科目

收 发 类 别	对 应 科 目	暂 估 科 目
采购入库	材料采购(1401)	材料采购(1401)
产成品入库	生产成本(5001)	
盘盈入库	待处理财产损溢(1901)	
销售出库	主营业务成本(6401)	

(3) 设置应收系统中的常用科目(在应收系统中，进入初始设置)。

① 基本科目设置：应收科目为1221，预收科目为2203，销售收入科目为6001，应交增值税科目为22210104。

② 结算方式科目设置：现金结算对应1001，支票结算对应1002，汇票结算对应1002。

③ 调整应收系统的选项：将坏账处理方式设置为"应收余额百分比法"。

④ 设置坏账准备期初：坏账准备科目为1231，期初余额为10 000元，提取比率为0.5%。

(4) 设置应付系统中的常用科目(在应付系统中，进入初始设置)。

① 基本科目设置：应付科目为2202，预付科目为1123，采购科目为1401，应交增值税科目为22210101。

② 结算方式科目设置：现金结算对应1001，支票结算对应1002，汇票结算对应1002。

2. 期初余额的整理录入

(1) 录入总账系统各科目的期初余额,如附表 8 所示。

附表 8　总账系统各科目的期初余额

科目编码	科目名称	方向	期初余额
2202	应收账款	借	25 000
1401	材料采购	借	80 000
1403	原材料	借	1 004 000
1405	库存商品	借	2 544 000
2202	应付账款	贷	165 000
4103	本年利润	贷	3 478 000
1231	坏账准备	贷	10 000

说明:

应收账款的单位为华荣公司,应付账款的单位为兴盛公司。

(2) 期初货到票未到的录入。

2018 年 5 月 25 日收到兴盛公司提供的 40GB 硬盘 100 盒,单价为 800 元,商品已验收入原料仓库,至今尚未收到发票。

操作向导

① 启动采购系统,录入采购入库单。

② 进行期初记账。

(3) 期初发货单的录入。

2018 年 5 月 28 日业务一部向新月贸易公司出售计算机 10 台,报价为 6 500 元,由成品仓库发货。该发货单尚未开票。

操作向导

启动销售系统,录入并审核期初发货单。

(4) 进入存货核算系统,录入各仓库期初余额,如附表 9 所示。

附表 9　各仓库期初余额

仓库名称	存货名称	数量	结存单价/元
原料仓库	PIII 芯片	700	1 200
	40GB 硬盘	200	820
成品仓库	计算机	380	4 800
外购品仓库	1600K 打印机	400	1 800

操作向导
① 启动存货系统，录入期初余额。
② 进行期初记账。
③ 进行对账。

(5) 进入库存管理系统，录入各仓库期初库存，如附表10所示。

附表10　各仓库期初库存

仓库名称	存货名称	数量
原料仓库	PIII芯片	700
	40GB硬盘	200
成品仓库	计算机	380
外购品仓库	1600K打印机	400

操作向导
① 启动库存系统，录入并审核期初库存(可通过取数功能录入)。
② 与存货系统进行对账。

(6) 应收款期初余额的录入和对账。
应收账款科目的期初余额中涉及华荣公司的余额为25 000元(以应收单形式录入)。

操作向导
① 启动应收系统，录入期初余额。
② 与总账系统进行对账。

(7) 应付款期初余额的录入和对账。
应付账款科目的期初余额中涉及兴盛公司的余额为5 000元(以应付单形式录入)。

操作向导
① 启动应付系统，录入期初余额。
② 与总账系统进行对账。

实验三　采购业务

目的与要求

掌握企业在日常业务中如何通过软件来处理采购入库业务和相关账表查询。

实验内容

1. 业务一

(1) 2018 年 6 月 1 日业务员李平向爱心公司询问键盘的价格(95 元/只)，觉得价格合适，随后向公司上级主管提出请购要求，请购数量为 300 只。业务员据此填制请购单。

(2) 2018 年 6 月 2 日上级主管同意向爱心公司订购键盘 300 只，单价为 95 元，要求到货日期为 2018 年 6 月 3 日。

(3) 2018 年 6 月 3 日收到所订购的键盘 300 只。填制到货单。

(4) 2018 年 6 月 3 日将所收到的货物验收入原料仓库。当天收到该笔货物的专用发票一张。

(5) 业务部门将采购发票交给财务部门，财务部门确认此业务所涉及的应付账款和采购成本。

操作向导

(1) 在采购系统中，填制并审核请购单。

(2) 在采购系统中，填制并审核采购订单。

(3) 在采购系统中，填制到货单。

(4) 启动库存系统，填制并审核采购入库单。

(5) 在采购系统中，填制采购发票，并进行结算。

(6) 在采购系统中，进行采购结算(自动结算)。

(7) 在应付系统中，审核采购发票。

(8) 在存货系统中，进行入库单记账。

(9) 在存货系统中，生成入库凭证。

(10) 账表查询。

① 在采购系统中，查询订单执行情况统计表。

② 在采购系统中，查询到货明细表。

③ 在采购系统中，查询入库统计表。

④ 在采购系统中，查询采购明细表。

⑤ 在库存系统中，查询库存台账。

⑥ 在存货系统中，查询收发存汇总表。

2. 业务二

2018 年 6 月 5 日向新月贸易公司购买鼠标 300 只，单价为 50 元，验收入原料仓库。同时收到专用发票一张，票号 ZY85011，立即以支票(ZP0215566889)形式支付货款。

操作向导

(1) 启动库存系统，填制并审核采购入库单。

(2) 在采购系统中，填制采购专用发票，并做现结处理。

(3) 在采购系统中，进行采购结算(自动结算)。

3. 业务三

2018 年 6 月 6 日向新月贸易公司购买硬盘 200 只，单价为 800 元，验收入原料仓库。同时收到专用发票一张，票号为 ZY8501233。另外，在采购的过程中，发生了一笔运输费 200 元，税率为 7%，收到相应的运费发票一张，票号为 56788989。

操作向导

(1) 启动库存系统，填制并审核采购入库单。

(2) 在采购系统中，填制采购专用发票。

(3) 在采购系统中，填制运费发票。

(4) 在采购系统中，进行采购结算(手工结算)。

4. 业务四

2018 年 6 月 5 日业务员李平想购买 100 只鼠标，提出请购要求，经同意填制并审核请购单。

根据资料得知提供鼠标的供应商有两家，分别为兴盛公司和新月贸易公司，他们的报价分别为 35 元/只、40 元/只。通过比价，决定向兴盛公司订购，要求到货日期为 2018 年 6 月 6 日。

操作向导

(1) 在采购系统中，定义供应商存货对照表。

(2) 在采购系统中，填制并审核请购单。

(3) 在采购系统中，执行请购比价生成订单功能。假定 2018 年 6 月 6 日尚未收到该货物，向兴盛公司发出催货函。

(4) 在采购系统中，查询供应商催货函。

5. 业务五

2018 年 6 月 9 日收到兴盛公司提供的上月已验收入库的 100 盒 40GB 硬盘的专用发票一张，票号为 48210，发票单价为 820 元。

操作向导

(1) 在采购系统中，填制采购发票(可拷贝采购入库单)。

(2) 在采购系统中，执行采购结算。

(3) 在存货系统中，执行结算成本处理。

(4) 在存货系统中，生成凭证(红冲单，蓝冲单)。

(5) 在采购系统中，查询暂估入库余额表。

6. 业务六

2018 年 6 月 28 日收到爱心公司提供的打印机 100 台，入外购品仓库(发票尚未收到)。由于到了月底发票仍未收到，故确认该批货物的暂估成本为 6 500 元。

操作向导

(1) 在库存系统中,填制并审核采购入库单。
(2) 在存货系统中,录入暂估入库成本。
(3) 在存货系统中,执行正常单据记账。
(4) 在存货系统中生成凭证(暂估记账)。

7. 业务七

(1) 2018年6月10日收到新月贸易公司提供的17英寸显示器,数量为202台,单价为1 150元。验收入原料仓库。

(2) 2018年6月11日仓库反映有2台显示器有质量问题,要求退回给供应商。

(3) 2018年6月11日收到新月贸易公司开具的专用发票一张,其发票号为ZY440888999。

操作向导

(1) 收到货物时,在库存系统中填制入库单。
(2) 退货时,在库存系统中填制红字入库单。
(3) 收到发票时,在采购系统中填制采购发票。
(4) 在采购系统中,执行采购结算(手工结算)。

8. 业务八

2018年6月15日从新月贸易公司购入的键盘质量有问题,退回2只,单价为95元,同时收到票号为ZY665218的红字专用发票一张。

操作向导

(1) 退货时,在库存系统中填制红字入库单。
(2) 收到退货发票时,在采购系统中填制采购发票。
(3) 在采购系统中,执行采购结算(自动结算)。

实验四 销 售 业 务

目的与要求

掌握企业在日常业务中如何通过软件来处理销售出库业务和相关账表查询。

实验内容

1. 业务一

(1) 2018年6月14日新月贸易公司想购买10台计算机,向业务一部了解价格。业务一部报价为 2 300 元/台。填制并审核报价单。

(2) 2018 年 6 月 15 日该客户了解情况后，要求订购 10 台，并要求发货日期为 2018 年 6 月 16 日。填制并审核销售订单。

(3) 2018 年 6 月 16 日业务一部从成品仓库向新月贸易公司发出其所订货物，并据此开具专用销售发票(ZY02188798)一张。

(4) 2018 年 6 月 17 日业务部门将销售发票交给财务部门，财务部门结转此业务的收入和成本。

操作向导

(1) 在销售系统中，填制并审核报价单。

(2) 在销售系统中，填制并审核销售订单。

(3) 在销售系统中，填制并审核销售发货单。

(4) 在销售系统中，调整选项(将新增发票默认为"参照发货单生成")。

(5) 在销售系统中，根据发货单填制并复核销售发票。

(6) 在应收系统中，审核销售发票并生成销售收入凭证。

(7) 在库存系统中，审核销售出库单。

(8) 在存货系统中，执行出库单记账。

(9) 在存货系统中，生成结转销售成本的凭证。

(10) 账表查询。

① 在销售系统中，查询销售订单执行情况统计表。

② 在销售系统中，查询发货统计表。

③ 在销售系统中，查询销售统计表。

④ 在存货系统中，查询出库汇总表(存货系统)。

2. 业务二

(1) 2018 年 6 月 17 日业务二部向新月贸易公司出售 1600K 打印机 5 台，报价为 2 300 元，成交价为报价的 90%，货物从外购品仓库发出。

(2) 2018 年 6 月 17 日根据上述发货单开具专用发票(ZY0208978)一张。

操作向导

(1) 在销售系统中，填制并审核销售发货单。

(2) 在销售系统中，根据发货单填制并复核销售发票。

3. 业务三

(1) 2018 年 6 月 17 日业务一部向新月贸易公司出售计算机 10 台，报价为 6 400 元，货物从成品仓库发出。

(2) 2018 年 6 月 17 日根据上述发货单开具专用发票(ZY0208987)一张，同时收到客户以支票(ZP011487)所支付的全部货款。

操作向导

(1) 在销售系统中,填制并审核销售发货单。
(2) 在销售系统中,根据发货单填制销售发票,执行现结功能,复核销售发票。

4. 业务四

(1) 2018 年 6 月 17 日业务一部向新月贸易公司出售计算机 10 台,报价为 6 400 元,货物从成品仓库发出。
(2) 2018 年 6 月 17 日业务二部向新月贸易公司出售 1600K 打印机 5 台,报价为 2 300 元,货物从外购品仓库发出。
(3) 2018 年 6 月 17 日根据上述两张发货单开具专用发票(ZY0208988)一张。

操作向导

(1) 在销售系统中,填制并审核两张销售发货单。
(2) 在销售系统中,根据上述两张发货单填制并复核销售发票。

5. 业务五

(1) 2018 年 6 月 18 日业务二部向华荣公司出售 1600K 打印机 20 台,报价为 2 300 元,货物从外购品仓库发出。
(2) 2018 年 6 月 19 日应客户要求,对上述所发出的商品开具两张专用销售发票,第一张发票(ZY0208989)中所列示的数量为 15 台,第二张发票(ZY0208990)上所列示的数量为 5 台。

操作向导

(1) 在销售系统中,填制并审核销售发货单。
(2) 在销售系统中,分别根据发货单填制并复核两张销售发票(考虑一下,在填制第二张发票时,系统自动显示的开票数量是否为 5 台)。

6. 业务六

2018年6月19日业务一部向新月贸易公司出售10台1600K 打印机,报价为2 300元,物品从外购品仓库发出,并据此开具专用销售发票(ZY0208991)一张。

操作向导

(1) 在销售系统中,填制并审核销售发票。
(2) 在销售系统中,查询销售发货单。
(3) 在库存系统中,查询销售出库单。

7. 业务七

2018 年 6 月 19 日业务一部在向新月贸易公司销售商品过程中发生了一笔代垫的安装费 500 元。

操作向导

(1) 在销售系统中,增设费用项目为"安装费"。
(2) 在销售系统中,填制并审核代垫费用单。

8. 业务八

(1) 2018年6月20日业务二部向精利公司出售17英寸显示器20台,由原料仓库发货,报价为1 500元/台,同时开具专用发票(ZY0208992)一张。
(2) 2018年6月20日客户根据发货单从原料仓库领出15台显示器。
(3) 2018年6月21日客户根据发货单再从原料仓库领出5台显示器。

操作向导

(1) 在销售系统中,调整有关选项(取消"是否销售生单"选项)。
(2) 在销售系统中,填制并审核发货单。
(3) 在销售系统中,根据发货单填制并复核销售发票。
(4) 在库存系统中,填制销售出库单(根据发货单生成销售出库单)。

9. 业务九

(1) 2018年6月20日业务二部向精利公司出售17英寸显示器20台,由原料仓库发货,报价为1 500元/台。开具发票时,客户要求再多买两台,根据客户要求开具了22台显示器的专用发票(ZY0208993)一张。
(2) 2018年6月20日客户先从原料仓库领出18台显示器。
(3) 2018年6月20日客户再从原料仓库领出4台显示器。

操作向导

(1) 在库存系统中,调整选项(选择"是否超发货单出库"选项)。
(2) 在库存系统或销售系统中,定义存货档案(定义超额出库上限为0.2)。
(3) 在销售系统中,填制并审核发货单。
(4) 在销售系统中,填制并复核销售发票(注意开票数量应为"22")。
(5) 在库存系统中,填制销售出库单,根据发货单生成销售出库单(选择"按累计出库数调整发货数")。

10. 业务十

(1) 2018年6月20日业务二部向精利公司出售计算机200台,由成品仓库发货,报价为6 500元/台。由于金额较大,客户要求以分期付款形式购买该商品。经协商,客户分4次付款,并据此开具相应销售专用发票(ZY0208995)数量50台,单价6 500元。
(2) 2018年6月22日业务部门将该业务所涉及的出库单和销售发票交给财务部门,财务部门据此结转收入和成本。

操作向导

(1) 在销售系统中,选中"是否有分期付款业务"和"是否销售生成出库单"选项。

(2) 在销售系统中，填制并审核发货单(注意选择业务类型)。

(3) 在存货系统中，执行发出商品记账功能，对发货单进行记账。

(4) 开具发票时，在销售系统中根据发货单填制并复核销售发票。

(5) 在应收系统中，审核销售发票并生成收入凭证。

(6) 在存货系统中，执行发出商品记账功能，对销售发票进行记账。

(7) 在存货系统中，生成结转销售成本凭证。

(8) 账表查询，在存货系统中，查询发出商品明细账；在销售系统中，查询销售统计表。

11. 业务十一

(1) 2018 年 6 月 20 日业务二部委托利益公司代为销售计算机 50 台，售价为 2 200 元，货物从成品仓库发出。

(2) 2018 年 6 月 25 日收到利益公司的委托代销清单一张，结算计算机 30 台，售价为 2 200 元。立即开具销售专用发票(ZY0208996)给利益公司。

(3) 2018 年 6 月 26 日业务部门将该业务所涉及的出库单和销售发票交给财务部门，财务部门据此结转收入和成本。

操作向导

(1) 在存货系统中，调整委托代销业务的销售成本结转方法为"发出商品"。

(2) 发货时：① 在销售系统中，填制并审核委托代销发货单。
　　　　　　② 在库存系统中，审核销售出库单。
　　　　　　③ 在存货系统中，对发货单进行记账。
　　　　　　④ 在存货系统中，生成出库凭证。

(3) 结算开票时：① 在销售系统中，填制并审核委托代销结算单。
　　　　　　　② 在销售系统中，复核销售发票。
　　　　　　　③ 在应收系统中，审核销售发票并生成销售凭证。

(4) 结转销售成本时：① 在存货系统中，对发票进行记账。
　　　　　　　　　② 在存货系统中，生成结转成本的凭证。

(5) 账表查询。

① 在销售系统中，查询委托代销统计表。

② 在库存系统中，查询委托代销备查簿。

12. 业务十二

(1) 2018 年 6 月 25 日业务一部售给新月贸易公司计算机 10 台，单价为 6 500 元，从成品仓库发出。

(2) 2018 年 6 月 26 日业务一部售给新月贸易公司的计算机因质量问题，退回 1 台，单价为 6 500 元，收回成品仓库。

(3) 2018 年 6 月 26 日开具相应的专用发票(ZY0208997)一张，数量为 9 台。

操作向导

(1) 发货时，在销售系统中填制并审核发货单。

(2) 退货时，在销售系统中填制并审核退货单。

(3) 在销售系统中，填制并复核销售发票(选择发货单时应包含红字)。

13. 业务十三

2018年6月27日委托利益公司销售的计算机退回2台，入成品仓库。由于该货物已经结算，故开具红字专用发票(ZY0208998)一张。

操作向导

(1) 发生退货时，在销售系统中填制并审核委托代销结算退回单。

(2) 在销售系统中，复核红字专用销售发票。

(3) 在销售系统中，填制并复核委托代销退货单。

(4) 账表查询。在库存系统中，查询委托代销备查簿。

实验五 库存管理

目的与要求

掌握企业在日常业务中如何通过软件来处理各种其他业务和相关账表查询。

实验内容

1. 业务一(产成品入库)

(1) 2018年6月15日成品仓库收到当月加工的10台计算机，作为产成品入库。

(2) 2018年6月16日成品仓库收到当月加工的20台计算机，作为产成品入库。

(3) 2018年6月17日随后收到财务部门提供的完工产品成本，其中计算机的总成本144 000元，立即做成本分配。

操作向导

(1) 在库存系统中，填制并审核产成品入库单。

(2) 在库存系统中，查询收发存汇总表。

(3) 在存货系统中，进行产成品成本分配。

(4) 在存货系统中，执行单据记账。

2. 业务二(材料领用)

2018年6月15日一车间向原料仓库领用PIII芯片100盒、40GB硬盘100盒，用于生产。

操作向导

在库存系统中，填制并审核材料出库单(建议单据中的单价为空)。

3. 业务三(调拨业务)

2018 年 6 月 20 日将原料仓库中的 50 只键盘调拨到外购品仓库。

操作向导

(1) 在库存系统中，填制并审核调拨单。
(2) 在库存系统中，审核其他入库单。
(3) 在库存系统中，审核其他出库单。
(4) 在存货系统中，执行特殊单据记账。

4. 业务四(盘点业务)

2018 年 6 月 25 日对原料仓库的所有存货进行盘点。盘点后，发现键盘多出一个。经确认，该键盘的成本为 80 元/只。

操作向导

(1) 盘点前，在库存系统中，填制盘点单。
(2) 盘点后：
① 在库存系统中，修改盘点单，输入盘点数量，确定盘点金额。
② 在库存系统中，审核盘点单。
③ 在存货系统中，对出入库单进行记账。

实验六　往　来　业　务

目的与要求

掌握企业在日常业务中如何通过软件来处理各种往来业务和相关账表查询。

实验内容

1. 客户往来款的处理

1) 应收款的确认

将上述销售业务中所涉及的销售发票进行审核。财务部门据此结转各项收入。

操作向导

(1) 在应收系统中,执行"应收单据处理"|"应收单据审核"命令。

(2) 根据发票生成凭证。在应收系统中,执行"制单处理"命令,选择发票制单(生成凭证时可做合并制单)。

(3) 账表查询。根据信用期限进行单据报警查询,根据信用额度进行信用报警查询。

2) 收款结算

(1) 收到预收款。

2018年6月5日收到新月贸易公司以汇票(HP0216546)方式支付的预付货款30 000元。财务部门据此生成相应凭证。

操作向导

① 录入收款单。在应收系统中,执行"收款单据处理"|"收款单据录入"命令(注意:款项类型为"预收款")。

② 审核收款单。在应收系统中,执行"收款单据处理"|"收款单据审核"命令。

③ 根据收款单生成凭证。在应收系统中,执行"制单处理"命令,选择结算单制单。

(2) 收到应收款。

2018年6月26日收到利益公司以支票方式支付的货款50 000元,用于冲减其所欠的第一笔货款。

操作向导

① 录入收款单。在应收系统中,执行"收款单据处理"|"收款单据录入"命令(注意:款项类型为"应收款")。

② 审核收款单。在应收系统中,执行"收款单据处理"|"收款单据审核"命令。

③ 核销应收款。在应收系统中,执行"核销"|"手工核销"命令。

2018年6月21日收到精利公司的500元现金,用于归还其所欠的代垫安装费。

操作向导

① 录入收款单。在应收系统中,执行"收款单据处理"|"收款单据录入"命令(注意:款项类型为"应收款")。

② 审核收款单。在应收系统中,执行"收款单据处理"|"收款单据审核"命令。

③ 核销应收款。在应收系统中,执行"核销"|"自动核销"命令。

(3) 查询业务明细账。

(4) 查询收款预测。

3) 转账处理

(1) 预收冲应收。

2018年6月26日将收到的新月贸易公司30 000元的预收款冲减其应收账款。

操作向导

在应收系统中,执行"转账"|"预收冲应收"命令。

(2) 红票对冲。
将利益公司的一张红字发票与其一张蓝字销售发票进行对冲。

操作向导

在应收系统中,执行"转账"|"红票对冲"|"手工对冲"命令。

4) 坏账处理

(1) 发生坏账时。
2018年6月27日收到通知:华荣公司破产,其所欠款项将无法收回,做坏账处理。

操作向导

在应收系统中,执行"转账"|"坏账处理"|"坏账发生"命令。

(2) 坏账收回。
2018年6月28日收回华荣公司已做坏账的货款50 000元现金,做坏账收回处理。

操作向导

① 录入并审核收款单。在应收系统中,执行"收款单据处理"|"收款单据录入"命令(注意:款项类型为"应收款")。
② 坏账收回处理。在应收系统中,执行"转账"|"坏账处理"|"坏账收回"命令。

(3) 计提本年度的坏账准备。

操作向导

在应收系统中,执行"转账"|"坏账处理"|"计提坏账准备"命令。

5) 财务核算

(1) 将上述业务中未生成凭证的单据生成相应的凭证。
(2) 在应收系统中,执行"制单处理"命令。
① 发票制单。
② 结算单制单。
③ 转账制单。
④ 现结制单。
⑤ 坏账处理制单。
(3) 查询凭证。

2. **供应商往来款的处理**

1) 应付款的确认

将上述采购业务中所涉及的采购发票进行审核。财务部门据此结转各项成本。

操作向导

(1) 在应付系统中,执行"应付单据处理"|"应付单据审核"命令。
(2) 根据发票生成凭证。在应付系统中,执行"制单处理"命令,选择发票制单(生成凭证时可做合并制单)。

2) 付款结算

(1) 2018年6月26日以支票方式支付给兴盛公司货款76 752元。

操作向导

① 录入付款单。在应付系统中，执行"付款单据处理"|"付款单据录入"命令(注意：款项类型为"应付款")。
② 审核付款单。在应付系统中，执行"付款单据处理"|"付款单据审核"命令。
③ 核销应付款。在应付系统中，执行"核销"|"手工核销"命令。
(2) 查询业务明细账。
(3) 查询付款预测。

3) 转账处理

红票对冲：将新月公司的一张红字发票与其一张蓝字销售发票进行对冲。

操作向导

在应付系统中，执行"转账"|"红票对冲"|"手工对冲"命令。

4) 财务核算

(1) 将上述业务中未生成凭证的单据生成相应的凭证。
(2) 在应付系统中，执行"制单处理"命令。
① 发票制单。
② 结算单制单。
③ 现结制单。

实验七　出入库成本管理

目的与要求

掌握企业在日常业务中如何通过软件进行各出入库成本的计算和月底如何做好月末结账工作。

实验内容

1. 单据记账

将上述各出入库业务中所涉及的入库单、出库单进行记账。
(1) 调拨单进行记账(如果实验五中的调拨单未记账，则需要进行此项操作)。

操作向导

在存货系统中，执行"业务核算"|"特殊单据记账"命令。

(2) 正常单据记账：将采购、销售业务所涉及的入库单和出库单进行记账。

操作向导

在存货系统中，执行"业务核算"｜"正常单据记账"命令。

2. 财务核算

(1) 根据上述业务中所涉及的采购入库单编制相应凭证。

操作向导

在存货系统中，执行"财务核算"｜"生成凭证"命令，选择"采购入库单(报销)"生成相应凭证。

(2) 查询凭证。

操作向导

在存货系统中，执行"财务核算"｜"凭证列表"命令。

3. 月末结账

(1) 采购系统的月末结账。

操作向导

在采购系统中，执行"月末结账"命令。

(2) 销售系统的月末结账。

操作向导

在销售系统中，执行"月末结账"命令。

(3) 库存系统的月末结账。

操作向导

在库存系统中，执行"月末结账"命令。

(4) 存货系统的月末处理。

① 各仓库的期末处理。

操作向导

在存货系统中，执行"业务核算"｜"期末处理"命令。

② 生成结转销售成本的凭证(如果计价方式为"全月平均")。

操作向导

在存货系统中，执行"财务核算"｜"生成凭证"命令，选择"销售出库单"。

③ 存货系统的月末结账。

操作向导

在存货系统中，执行"业务核算"｜"月末结账"命令。